Beruflicher Neuanfang mit 50+

Beruflicher Neuanfang mit 50+

Wie du mit Mut, Motivation und den richtigen Schritten einen neuen beruflichen Weg einschlägst

Martina Klein

Bibliografische Information der Deutschen Nationalbibliothek: Die Deutsche Nationalbibliothek verzeichnet diese Publikation in der Deutschen Nationalbibliografie; detaillierte bibliografische Daten sind im Internet über http://dnb.dnb.de abrufbar.

Verlag: BoD · Books on Demand GmbH, Überseering 33, 22297 Hamburg, bod@bod.de

Druck: Libri Plureos GmbH, Friedensallee 273, 22763 Hamburg

ISBN: 978-3-8192-5061-3

Inhaltsverzeichnis (Fortsetzung nächste Seite)

Einleitung:
Meine Reise zum Neuanfang

Liebe Leserin, lieber Leser,

es ist nie zu spät, neu anzufangen. Und wenn dir jemand sagt, es sei zu spät, dann denk an mich. Ich habe es selbst erlebt – und ich möchte dir zeigen, wie auch du den Neuanfang wagen kannst.

Ich begann meine berufliche Reise im öffentlichen Dienst, in einem Bürojob, der damals als sicher und zuverlässig galt. Doch ich fühlte mich nie wirklich frei. Da war dieses Gefühl, dass das Leben mehr zu bieten hat – mehr Abenteuer, mehr Unabhängigkeit, mehr Freiheit. Und dann, mit 30 Jahren, kam der Moment, der alles veränderte: Ich bekam die Gelegenheit, als Lkw-Fahrerin zu arbeiten.

Das war mein Traumjob. Unabhängigkeit pur, die Freiheit, den Tag selbst zu gestalten und mein eigener Herr zu sein – ein Beruf, der gleichzeitig mein Hobby war. Ich liebte es, mit dem Lkw durch die Straßen zu fahren, fremde Orte zu entdecken und die Welt zu erleben. Es war eine Freiheit, die viele in meinem Alter vielleicht nicht verstanden haben, aber für mich war es die Erfüllung.

Doch wie es im Leben oft ist: Der Körper kommt irgendwann an seine Grenzen. Gesundheitliche Probleme zwangen mich, diesen Job aufzugeben. Ich war 50, und ich konnte mir kaum vorstellen, was danach kommen sollte. Mein ganzes Berufsleben hatte sich um diesen Traumjob gedreht. Was nun?

Mit 51 Jahren entschied ich mich, eine Umschulung zur Industriekauffrau zu machen – unterstützt von der Deutschen Rentenversicherung. Der Gedanke, noch einmal einen völlig neuen Beruf zu erlernen, war nicht leicht. Die ersten Monate waren hart. Ich setzte mich selbst enorm unter Druck, wollte unbedingt mithalten und „beweisen", dass ich auch in diesem neuen Bereich etwas erreichen konnte. Doch je mehr ich versuchte, mich anzupassen und die Erwartungen anderer zu erfüllen, desto mehr verlor ich mich selbst aus den Augen.

Ich entschied mich, einen Schritt zurückzutreten und meine Einstellung zu ändern. Ich stellte mein Mindset auf den Prüfstand und begann, alles in meinem eigenen Tempo und auf meine eigene Art zu machen. Anstatt mich von äußeren Erwartungen leiten zu lassen, suchte ich nach meinem eigenen Stil und meinem eigenen Weg. Und siehe da: Zwei Jahre später bestand ich die Prüfung mit der Note „Gut" – ein Erfolg, den ich mir wirklich hart erarbeitet hatte.

Aber das war noch nicht das Ende meiner Reise. Nach einem Jahr in diesem Beruf musste ich feststellen: Das war nicht der Job, den ich mir erträumt hatte. Es passte einfach nicht zu mir. Ich fühlte mich in diesem „sicheren" Bürojob gefangen, und mir fehlte die Unabhängigkeit, die ich beim Lkw-Fahren so geliebt hatte. Ich wollte wieder die Freiheit spüren, die mein früherer Job mir gegeben hatte.

Mit 54 Jahren traf ich die Entscheidung, eine Weiterbildung zur Appointment-Setterin zu machen. Ich hatte erkannt, dass ich mein Potenzial in einer anderen Richtung entfalten wollte, und diese neue Tätigkeit bot mir die Flexibilität und Unabhängigkeit, die ich suchte. Heute stehe ich wieder an einem Wendepunkt – aber diesmal nicht mit der Frage, was nach dem Ende eines Jobs kommt, sondern mit der spannenden Vision, mein eigenes Online-Business zu starten.

Es ist ein aufregender, aber auch herausfordernder Weg. Und ich kann dir versprechen: Die Reise ist noch lange nicht zu Ende. Ich stehe am Anfang eines neuen Kapitels, und ich möchte dich mitnehmen. Ich möchte dir zeigen, dass du – egal in welchem Alter – immer die Möglichkeit hast, dich neu zu erfinden, deine Träume zu verwirklichen und deine Ziele zu erreichen.

In diesem Buch werde ich dir von meinen Erfahrungen berichten, dir meine Herausforderungen und Erfolge zeigen und dir eine Schritt-für-Schritt-Anleitung geben, wie du deinen eigenen Neuanfang wagen kannst. Es ist nie zu spät, und es gibt immer einen Weg, der zu dir passt. Du musst nur den ersten Schritt gehen.

Mach dir keine Sorgen, wenn du nicht sofort alles weißt. Mach dir keine Sorgen, wenn du das Gefühl hast, du bist zu alt oder es ist zu spät für einen beruflichen Neuanfang. Ich habe es geschafft – und du kannst es auch!

Jetzt ist der Moment, um loszulegen. Und ich bin hier, um dir zu helfen, diesen ersten Schritt zu tun. Lass uns gemeinsam herausfinden, wie du deinen Neuanfang gestalten kannst.

Mit Mut, Zuversicht und einem großen Schritt nach vorne, Deine Martina Klein

Kapitel 1:

Der Startschuss –
Warum es nie zu spät für den Neuanfang ist

Wenn ich zurückdenke, wie mein beruflicher Neuanfang begonnen hat, kann ich mich noch gut an die Frage erinnern, die mir ständig durch den Kopf ging: „Kann ich das wirklich noch schaffen?" Ich war 51 Jahre alt, als ich mich entschied, eine Umschulung zu machen. Da war dieses mulmige Gefühl, als ob ich mich auf ein unbekanntes Terrain begab, das viel schwieriger war als alles, was ich in meinem bisherigen Leben gemacht hatte.

Ganz ehrlich: Der Gedanke, in meinem Alter noch einmal komplett von vorne zu beginnen, hat mich eine Zeit lang sehr verunsichert. Ich dachte: „Es ist zu spät, ich bin zu alt, alle anderen sind viel jünger und haben einen klareren Plan." Ich habe mich selbst unter Druck gesetzt, weil ich dachte, es müsse schnell gehen. Ich wollte beweisen, dass ich mithalten kann, dass ich genauso gut und vielleicht sogar besser bin als die jüngeren Teilnehmer in meiner Umschulung.

Aber weißt du was? Ich habe einen entscheidenden Fehler gemacht: Ich habe mich von meinen Ängsten und von den Erwartungen anderer leiten lassen. Ich war so sehr damit beschäftigt, die Beste zu sein, dass ich vergaß, dass es um mich und meinen eigenen Weg geht. Und dann kam der Moment, an dem ich mich gefragt habe: „Warum eigentlich?" Warum setze ich mich so unter Druck? Warum kann ich nicht einfach in meinem eigenen Tempo vorankommen? Und warum sollte es nicht auch möglich sein, auf meine eigene Art erfolgreich zu sein?

Ich habe angefangen, meine Einstellung zu ändern. Ich habe mir gesagt: „Es gibt keinen Wettlauf. Es gibt nur meinen Weg, und der kann so aussehen, wie ich es will." Und genau das hat den entscheidenden Unterschied gemacht. Als ich mich von diesem Druck befreite, ging alles viel leichter. Ich fand meinen eigenen Rhythmus, und plötzlich konnte ich die Dinge besser verstehen und vor allem auch genießen. Zwei Jahre später hatte ich die Abschlussprüfung mit „Gut" bestanden.

Aber was bedeutet es wirklich, „nie zu spät für den Neuanfang" zu sein? Nun, ich möchte dir ein paar Gedanken mit auf den Weg geben:

1. Du bringst Erfahrung mit – und das ist ein Riesenvorteil

Das ist vielleicht der wichtigste Punkt. Mit 50+ hast du schon ein Leben voller Erfahrungen und Fähigkeiten hinter dir. Auch wenn du vielleicht das Gefühl hast, du fängst ganz unten an, ist das nicht wahr. Denn all das Wissen, das du in den letzten Jahrzehnten gesammelt hast – sei es durch deinen Beruf, durch private Erfahrungen oder durch die Herausforderungen, die du gemeistert hast – das hilft dir. Deine Erfahrung gibt dir eine Perspektive, die vielen jungen Menschen fehlt.

Stell dir vor, du bist nicht nur ein „Neuling" in einer neuen Branche oder einem neuen Beruf, sondern ein Mensch, der weiß, was er will, der Verantwortung übernehmen kann und der Herausforderungen mit einer ganz anderen Haltung begegnet als jemand, der gerade erst ins Berufsleben startet. Du bringst alles mit – es ist nur noch eine Frage, wie du es in den neuen Kontext einbringst.

2. Du weißt, was du wirklich willst

Einer der größten Vorteile, die du mit 50+ hast, ist, dass du viel besser weißt, was dir wichtig ist. Du hast im Laufe der Jahre entdeckt, was du wirklich willst – und vor allem, was du nicht mehr willst. Du musst dich nicht mehr verbiegen oder dich für etwas entscheiden, nur weil es „in der Gesellschaft so erwartet wird" oder weil du „dazu gehören möchtest".

Du hast deine eigenen Prioritäten gesetzt. Vielleicht möchtest du mehr Unabhängigkeit. Vielleicht strebst du nach einem Job, der besser zu deinem Lebensstil passt oder nach mehr Freiheit. Mit 50+ kannst du diese Wünsche klar formulieren und dir einen Job oder eine Karriere aussuchen, die nicht nur für deinen Lebensunterhalt sorgt, sondern auch für dein Wohlbefinden.

3. Du kannst auf deine Stärken setzen

Es gibt einen großen Unterschied zwischen jung und „erfahren": Du hast eine gewisse Gelassenheit entwickelt, die sich in deinem Berufsleben auszahlt. Du kennst deine Stärken und weißt, wie du diese effektiv einsetzen kannst. Du kannst dich nicht mehr von jedem kleinen Problem aus der Ruhe bringen lassen. Die Erfahrung hat dir gezeigt, dass du auch schwierige Situationen meistern kannst, und das wird dir in deinem Neuanfang helfen.

4. Die Welt verändert sich ständig – und du kannst mit ihr wachsen

Die Welt wird immer digitaler, und neue Berufsfelder entstehen schneller als je zuvor. Ja, du hast vielleicht das Gefühl, die technischen Entwicklungen könnten eine Herausforderung sein – aber sie bieten dir auch eine riesige Chance! Du kannst von Anfang an neue Fähigkeiten erlernen und mit der Zeit wachsen. Du musst nicht alles sofort wissen oder beherrschen. Aber du kannst den ersten Schritt machen und dir neue Kenntnisse aneignen – Schritt für Schritt.

Warum der erste Schritt so wichtig ist

Der erste Schritt ist immer der schwerste. Ich erinnere mich noch genau an den Moment, als ich mich für die Umschulung entschieden habe. Es war beängstigend. Es fühlte sich an, als ob ich mit einem Berg von Unsicherheit konfrontiert wurde. Aber dieser erste Schritt – er war entscheidend. Und auch du musst diesen ersten Schritt machen. Du musst den Mut aufbringen, ihn zu gehen.

Ich werde dir in diesem Buch helfen, diesen ersten Schritt zu wagen, aber auch die weiteren Schritte, die auf dem Weg zu deinem Neuanfang kommen werden. Du bist nicht allein. Ich bin hier, um dir zu zeigen, wie du mit den richtigen Werkzeugen, einer positiven Einstellung und den passenden Strategien deine berufliche Reise neu gestalten kannst.

Der Neuanfang ist nicht nur möglich – er ist aufregend und voller Chancen. Glaub mir, du kannst es. Und ich werde dir helfen, den Weg zu finden.

Übung: Dein erster Schritt ins Neue

Ein Neuanfang beginnt nicht mit einem fertigen Plan – sondern mit dem Mut, den ersten kleinen Schritt zu machen. Genau darum geht es in dieser Übung: herauszufinden, was dein erster Schritt sein kann. Du musst ihn noch nicht gehen – aber heute beginnst du, ihn zu sehen.

Zeitaufwand: 10–15 Minuten

Ziel der Übung: Du erkennst, welcher erste, konkrete Schritt dich deinem beruflichen Neuanfang näher bringt – und warum du bereit dafür bist.

Deine Aufgabe:

Schreib auf, was dir spontan in den Kopf kommt, wenn du folgende zwei Sätze vervollständigst:

„Ich weiß, dass ich bereit bin für einen Neuanfang, weil ..."
(Beziehe dich gern auf deine Erfahrungen, Fähigkeiten oder innere Stärke.)

_____

_____

„Mein erster Schritt könnte sein, dass ich ..."
(Denk an etwas ganz Konkretes, z. B. einen Anruf, eine Recherche, ein Gespräch, ein Notizbuch beginnen ... egal wie klein es ist – Hauptsache, es bringt dich in Bewegung.)

_____

_____

Lies dir deine Antworten laut vor. Wenn sie sich richtig anfühlen: unterstreiche sie. Wenn nicht: schreibe sie um, bis sie zu dir passen.

Motivierender Impuls:

Du musst noch nicht den ganzen Weg kennen. Aber sobald du deinen ersten Schritt siehst, bist du nicht mehr am Anfang – du bist unterwegs.

Kapitel 2:
Der innere Dialog –
Vom Zweifeln zum Selbstvertrauen

Es gibt diese Momente, in denen du dich selbst fragst: „Bin ich wirklich gut genug für das, was ich vorhabe? Schaffe ich das?" Ich erinnere mich an viele solcher Momente, vor allem zu Beginn meiner Umschulung. Ich hatte das Gefühl, als ob die ganze Welt gegen mich war – oder besser gesagt, als ob mein eigener innerer Kritiker nicht aufhören konnte, mir zu sagen: „Du bist zu alt, zu langsam, du wirst es niemals schaffen."

Und ganz ehrlich – diese Zweifel, diese Gedanken, die uns im Kopf herumschwirren, sind oft viel lauter als die positiven Gedanken. Sie sind wie ein stetiges Rauschen, das uns an unsere Grenzen bringt und uns den Mut nimmt. Aber was wäre, wenn du diesen inneren Dialog einmal hinterfragst? Was, wenn du beginnst, dir selbst anders zuzuhören – nicht als Kritiker, sondern als Unterstützer?

Ich habe mich gefragt, warum ich immer an den negativen Gedanken festhielt. Warum ließ ich den Zweifel an mich selbst so viel Raum? Der Punkt ist: Diese Gedanken kommen nicht aus dem Nichts. Sie haben oft mit Ängsten und der Vorstellung zu tun, dass es zu spät ist, dass man „nicht mehr mithalten kann". Aber eines habe ich gelernt: Diese Gedanken sind nicht die Wahrheit – sie sind nur Gedanken. Du bist nicht deine Gedanken. Du bist mehr als das.

1. Der erste Schritt: Bewusst werden, was du dir selbst erzählst

Der erste Schritt, um die Zweifel zu überwinden, ist, sich bewusst zu machen, was man sich selbst ständig sagt. Wie redest du mit dir selbst? Es ist völlig normal, Selbstzweifel zu haben, besonders wenn man sich vor einem großen Wandel befindet. Aber was, wenn du diese Gedanken einmal hinterfragst?

Ich erinnere mich, wie ich zu Beginn meiner Umschulung ständig dachte: „Du bist zu alt für das alles. Die anderen sind schneller, die anderen können das besser." Aber was mir geholfen hat, war, diese Gedanken zu stoppen und mir eine andere Perspektive zu suchen. Ich fragte mich: „Was würde ich einer guten Freundin oder einem guten Freund sagen, der jetzt in meiner Situation ist?" Und das ist eine Frage, die du dir ebenfalls stellen solltest. Was würdest du jemandem sagen, der in deinem Alter einen Neuanfang wagen möchte? Du würdest ihm sicher nicht sagen: „Du kannst es nicht." Stattdessen würdest du ihn ermutigen, weil du weißt, dass er es schaffen kann.

2. Die Macht der positiven Selbstgespräche

Der nächste Schritt ist, die negativen Gedanken in positive zu verwandeln. Du wirst überrascht sein, wie ein einfacher Perspektivwechsel so viel bewirken kann. Anstatt zu denken: „Ich kann das nicht", sage dir selbst: „Ich kann das lernen." Statt zu denken: „Ich bin zu alt für einen Neuanfang", denke: „Ich habe so viel Lebenserfahrung und das ist mein größtes Kapital."

Es geht darum, das eigene Mindset zu ändern. Ich habe das für mich selbst ausprobiert, und es war wie ein kleiner Wendepunkt: Anstatt mich ständig mit den jüngeren Teilnehmern meiner Umschulung zu vergleichen, habe ich mich darauf konzentriert, was ich bereits wusste und wie ich diese Kenntnisse in den neuen Job einbringen konnte. Du musst nicht alles sofort wissen, aber du hast so viel Erfahrung, auf die du zurückgreifen kannst.

3. Von der Angst zur Neugier

Einer der besten Ratschläge, den ich dir mitgeben kann, ist dieser: Versuche, deine Ängste und Zweifel nicht als Feinde zu sehen, sondern als Hinweise darauf, dass du auf dem richtigen Weg bist. Denn Angst ist oft nur ein Zeichen dafür, dass du etwas Neues betrittst – und das bedeutet Wachstum.

Ich erinnere mich an den Moment, als ich mich für die Weiterbildung zur Appointment-Setterin entschied. Ich war nervös, hatte viele Zweifel und fragte mich, ob ich in diesem Bereich überhaupt etwas erreichen konnte. Aber dann beschloss ich, die Angst zu akzeptieren und sie als Motivation zu nutzen. Anstatt mir vorzustellen, wie schlimm es sein könnte, dachte ich mir: „Was habe ich zu verlieren? Warum sollte ich es nicht wenigstens versuchen?" Die Neugier, was aus dieser neuen Herausforderung entstehen könnte, war stärker als die Angst.

4. Visualisierung: Stell dir deinen Erfolg vor

Ein weiteres hilfreiches Werkzeug, das ich dir empfehlen kann, ist die Visualisierung. Es mag dir anfangs vielleicht etwas seltsam vorkommen, aber es ist unglaublich mächtig. Stell dir vor, wie du dein Ziel erreichst. Wie fühlt sich das an? Was siehst du? Wie reagierst du auf deinen Erfolg? Diese positiven Bilder können dir helfen, den Zweifel zu überwinden und dich auf das zu konzentrieren, was du wirklich erreichen willst.

Ich habe mir immer wieder ausgemalt, wie ich mit meiner Weiterbildung erfolgreich bin, wie ich schließlich meinen ersten Job als Appointment-Setterin finde und wie ich es schaffe, meinen Traum von einem eigenen Online-Business zu verwirklichen. Diese Visualisierungen gaben mir Kraft und Motivation, den nächsten Schritt zu gehen.

Der innere Dialog ist der Schlüssel

Dein Erfolg beginnt in deinem Kopf. Wenn du deinen inneren Kritiker zum Freund machst und auf positive Gedanken setzt, wird sich dein ganzes Leben verändern. Es geht nicht darum, die Zweifel zu beseitigen, sondern sie umzuprogrammieren – und das kannst du tun.

Es ist nicht einfach, aber du bist nicht allein. Und vor allem: Du kannst es schaffen. Dein Neuanfang ist nicht nur möglich, er ist schon auf dem Weg – und der erste Schritt ist, an dich selbst zu glauben.

Übung: Sag dir, was du brauchst

Deine Gedanken haben Macht – besonders die, die du über dich selbst denkst. In dieser Übung lernst du, deinen inneren Kritiker in einen inneren Unterstützer zu verwandeln. Du brauchst dafür nur einen kurzen Moment der Ehrlichkeit und den Mut, dir selbst eine neue Botschaft zu schenken.

Zeitaufwand: 10 Minuten
Ziel der Übung: Du erkennst einen belastenden Gedanken – und formulierst bewusst eine unterstützende, stärkende Alternative.

Deine Aufgabe:
Denk an einen Gedanken, der dich in letzter Zeit immer wieder zweifeln ließ.

Schreib den Gedanken auf. Zum Beispiel:
„Ich bin zu alt für einen Neuanfang."

_____

_____

Dann stelle dir vor, du wärst deine beste Freundin oder dein bester Freund. Was würdest du in dieser Situation sagen – ehrlich, mitfühlend, stärkend?

Schreib genau diesen Satz auf. Zum Beispiel:
„Meine Erfahrung ist meine größte Stärke – ich bringe so viel mit."

_____

_____

Lies den neuen Satz mehrmals laut. Wiederhole ihn jeden Tag – besonders dann, wenn der alte Zweifel wieder anklopft.

Motivierender Impuls:
Du bist nicht deine Zweifel. Du bist die Person, die entscheidet, welchen Gedanken du glauben willst. Wähl den, der dich weiterbringt.

Kapitel 3:
Veränderung planen –
Was du tun musst, um erfolgreich zu sein

Der Gedanke an einen beruflichen Neuanfang kann überwältigend sein, oder? Besonders, wenn man sich vorstellt, wie viel Neues man lernen und sich anpassen muss. Doch der Schlüssel zu einem erfolgreichen Neuanfang liegt nicht in der Hoffnung, dass es sich irgendwie von selbst regelt, sondern in einem klaren, strukturierten Plan. Ein Plan, der dir hilft, Schritt für Schritt voranzukommen – ohne dich von der Größe der Aufgabe erschlagen zu lassen.

Ich erinnere mich noch genau an meine eigenen ersten Schritte. Als ich mich mit 51 Jahren für die Umschulung entschied, stand ich zunächst ratlos da. Was muss ich tun? Wie schaffe ich das? Der erste Schritt, den ich ging, war, mich nicht von der Vielzahl an Optionen überwältigen zu lassen, sondern mir ein klares Ziel zu setzen und einen Plan zu erstellen.

Warum Planung so wichtig ist
Planung gibt dir nicht nur Orientierung, sie hilft dir, dein Ziel greifbar zu machen. Ohne einen Plan schwimmen wir oft im Meer von Möglichkeiten und Zweifeln. Wir wissen zwar, dass wir uns verändern wollen, aber wir haben keinen klaren Weg vor Augen. Wenn du also mit einem beruflichen Neuanfang beginnst, dann ist der erste Schritt immer: Setz dir ein Ziel, das du mit einem klaren Plan verfolgen kannst. Nur so wirst du den Überblick behalten und mit Zuversicht voranschreiten.

1. Dein Ziel definieren
Bevor du überhaupt beginnst, solltest du dir über dein Ziel im Klaren sein. Was möchtest du erreichen? Willst du einen neuen Beruf erlernen, ein

eigenes Business starten oder eine Weiterbildung machen, um dich für neue Chancen zu qualifizieren? Dein Ziel kann groß oder klein sein, aber es sollte für dich klar und messbar sein.

Ich weiß, wie verlockend es ist, zu denken: „Ich möchte einfach einen neuen Job." Aber je konkreter du wirst, desto besser. Statt „Ich will einen neuen Job" könntest du sagen: „Ich möchte als Kaufmann/Kauffrau für Büromanagement in einem Unternehmen arbeiten, das mir flexible Arbeitszeiten bietet." Oder: „Ich möchte in den nächsten 6 Monaten meine Weiterbildung abschließen und danach mein eigenes Online-Business starten."

2. Rückblick – Was du aus der Vergangenheit lernen kannst

Ein Neuanfang bedeutet nicht, alles neu zu erfinden. Vielmehr geht es darum, aus den Erfahrungen der Vergangenheit zu lernen und sie in deinen neuen Plan zu integrieren. Welche Stärken hast du, die dir auf deinem neuen Weg helfen können? Was hat in der Vergangenheit gut funktioniert und was nicht?

Ich habe schnell gelernt, dass mein Leben als Lkw-Fahrerin mir viele wertvolle Fähigkeiten vermittelt hat, die mir auch bei meiner Umschulung und meinem beruflichen Neuanfang geholfen haben: Selbstorganisation, Durchhaltevermögen und die Fähigkeit, schnell zu denken und zu handeln. Diese Stärken habe ich nicht aus den Augen verloren, als ich mich für die Umschulung entschied. Ganz im Gegenteil – sie gaben mir das nötige Selbstvertrauen, um den Prozess mit einer positiven Einstellung anzugehen.

3. Der Schritt-für-Schritt-Plan: Die Aufgaben in kleine Stücke zerlegen

Jetzt kommt der Teil, der viele Menschen abschreckt: Der Plan, den du entwickelst, darf nicht überwältigend sein. Du wirst nicht alles auf einmal schaffen – und das ist in Ordnung! Der Schlüssel zu einem erfolgreichen Neuanfang liegt darin, große Aufgaben in kleinere, leicht zu bewältigende Schritte zu unterteilen.

Ich erinnere mich, wie überwältigt ich zu Beginn meiner Umschulung war. Da waren so viele neue Themen, so viele neue Dinge, die ich lernen musste. Es fühlte sich oft wie ein riesiger Berg an. Aber statt mich von diesem Berg erdrücken zu lassen, habe ich den Berg in kleinere Hügel aufgeteilt. Anstatt mich mit der Frage zu quälen, wie ich die gesamte Prüfung bestehen würde, habe ich mich auf kleine Etappen konzentriert: ein Kapitel lernen, eine Aufgabe abschließen, ein weiteres Thema verstehen.

4. Realistische Zeitrahmen setzen

Es ist verlockend, sich viel vorzunehmen und sich selbst einen knappen Zeitrahmen zu setzen. Aber ich sage dir: Sei geduldig mit dir selbst. Veränderungen brauchen Zeit. Gerade wenn du nebenbei andere Verpflichtungen hast, wie Familie oder finanzielle Verantwortung, ist es wichtig, sich realistische Ziele zu setzen und den Plan entsprechend anzupassen.

Ich habe mir am Anfang zu viele Ziele in zu kurzer Zeit gesetzt. Es hat mich gestresst und ich war oft frustriert, wenn ich das Gefühl hatte, nicht schnell genug voranzukommen. Aber je mehr ich mich auf den Prozess konzentrierte und mich auf einen Schritt nach dem anderen fokussierte, desto mehr merkte ich, dass alles zu seiner Zeit kommt.

5. Rückblick und Anpassung des Plans

Ein Plan ist nie in Stein gemeißelt. Es wird immer Herausforderungen geben, mit denen du nicht gerechnet hast. Aber das bedeutet nicht, dass du deinen Plan aufgeben musst. Du kannst ihn anpassen und neu ausrichten, wenn es nötig ist. Wichtig ist, dass du dich nicht entmutigen lässt und immer weiter auf dein Ziel hinarbeitest.

Ich habe meinen Plan während meiner Umschulung mehrmals angepasst, weil sich neue Möglichkeiten ergeben haben oder ich gemerkt habe, dass ein anderer Weg besser zu mir passt. Aber ich habe nie das große Ziel aus den Augen verloren.

Fazit: Dein Neuanfang ist planbar!

Die wichtigste Erkenntnis dieses Kapitels ist: Du musst deinen Neuanfang nicht dem Zufall überlassen. Mit einem klaren Plan kannst du deinen Weg selbst gestalten und sicherstellen, dass du in die Richtung gehst, die zu dir passt. Es wird nicht immer einfach sein, aber es wird möglich – Schritt für Schritt.

Fang klein an, sei realistisch, aber vor allem sei geduldig mit dir selbst. Du hast die Kontrolle über deinen Neuanfang, und jeder noch so kleine Schritt bringt dich näher an dein Ziel.

Übung: Dein Ziel – dein nächster Schritt

Veränderung beginnt mit Klarheit. Wenn du weißt, wohin du willst, kannst du auch entscheiden, wie du dort hinkommst. In dieser Übung geht es nicht darum, den ganzen Weg zu planen – sondern den nächsten kleinen Schritt festzulegen, der dich deinem beruflichen Neuanfang näherbringt.

Zeitaufwand: 10–15 Minuten
Ziel der Übung: Du formulierst ein klares berufliches Ziel und leitest daraus eine konkrete erste Handlung ab.

Deine Aufgabe:
Vervollständige diese zwei Sätze – ehrlich, klar und so konkret wie möglich:

„Mein berufliches Ziel ist ...“
(Was möchtest du erreichen? Denk dabei an etwas, das dir wirklich wichtig ist.)

_____

_____

„Mein nächster, ganz konkreter Schritt dorthin ist ...“
(Zum Beispiel: eine Infoveranstaltung besuchen, einen Kurs recherchieren, mit einer Person sprechen, die diesen Weg schon gegangen ist.)

_____

_____

Lies dir deine beiden Sätze laut vor. Wenn sie sich stimmig anfühlen: Super. Wenn nicht: Feile noch ein wenig daran – bis du spürst: Ja, das ist mein Weg.

Motivierender Impuls:
Ein Ziel ohne Plan bleibt ein Wunsch. Aber ein kleiner Schritt mit klarem Ziel? Das ist der Anfang von Veränderung.

Kapitel 4:
Bildung als Schlüssel –
Weiterbildung und neue Fähigkeiten

Wenn wir über einen beruflichen Neuanfang sprechen, dann kommt man an einem Punkt, an dem Weiterbildung unvermeidlich ist. Ganz gleich, ob du einen neuen Beruf ergreifen, ein eigenes Business starten oder dich in deinem bisherigen Beruf weiterentwickeln möchtest – neue Fähigkeiten und Wissen sind der Schlüssel, um erfolgreich zu sein.

Ich erinnere mich, wie es war, als ich mit 51 Jahren beschloss, mich umschulen zu lassen. Es war eine große Herausforderung. Ich hatte Jahrzehnte als Lkw-Fahrerin gearbeitet, und plötzlich stand ich vor einem Tisch voller Bücher und Computerprogrammen, die mir alles Neue beibringen sollten. Es fühlte sich anfangs an wie eine andere Welt – eine, in der ich mich völlig fremd fühlte.

Aber hier kommt der entscheidende Punkt: Bildung ist nicht nur etwas, das du für deinen Beruf tust. Bildung ist eine Investition in dich selbst. Du bist es wert, Neues zu lernen, neue Fähigkeiten zu entwickeln und dich selbst weiterzuentwickeln – ganz unabhängig davon, wie alt du bist.

1. Warum Weiterbildung auch in späteren Jahren wichtig ist

Vielleicht fragst du dich, warum es sich lohnt, in deinem Alter noch zu lernen. Vielleicht denkst du: „Es ist doch eh schon spät, warum sollte ich noch meine Zeit mit Lernen verbringen?" Doch hier ist die Wahrheit: Es ist nie zu spät, neue Fähigkeiten zu erwerben und sich zu verändern. Weiterbildung öffnet nicht nur Türen zu neuen Karrieremöglichkeiten, sie hilft dir auch, dich selbst besser kennenzulernen und mehr Selbstvertrauen zu gewinnen.

Ich habe das selbst erlebt. Am Anfang meiner Umschulung fühlte ich mich, als ob ich die ganze Welt der Büroarbeit nie verstehen würde. Aber nach jedem Lernschritt merkte ich, wie meine Fähigkeiten wuchsen und wie ich mich zunehmend sicherer fühlte. Die größte Überraschung war, dass das Lernen nicht nur meinen Beruf beeinflusste, sondern auch meine persönliche Entwicklung. Es gab mir das Gefühl, dass ich wieder aktiv ins Leben eingreifen konnte.

2. Die richtigen Weiterbildungen finden

Es gibt so viele Optionen, die dir zur Verfügung stehen – und manchmal fühlt man sich von der Fülle an Angeboten überwältigt. Wo fängt man an? Wie findest du die passende Weiterbildung für dich?

Zunächst solltest du überlegen, was du wirklich erreichen möchtest. Möchtest du in deinem aktuellen Berufsfeld bleiben und dich spezialisieren, oder strebst du eine völlig neue Karriere an? Die Weiterbildung, die du wählst, sollte zu deinem Ziel passen. Es gibt mittlerweile viele Möglichkeiten, sich weiterzubilden:

- **Online-Kurse**: Diese sind sehr flexibel und ideal, wenn du dir das Lernen in deinem eigenen Tempo ermöglichen möchtest. Du kannst jederzeit und überall lernen, was dir bei einem vollen Terminkalender zugutekommt.
- **Abend- oder Wochenendkurse**: Wenn du noch beruflich tätig bist oder Familie hast, sind Abendkurse eine gute Möglichkeit, sich weiterzubilden, ohne den ganzen Tag zu investieren.
- **Berufsbegleitende Studiengänge**: Wenn du tiefgehenderes Wissen in einem bestimmten Bereich erwerben möchtest, könnte ein berufsbegleitendes Studium eine Option sein.
- **Zertifikate und Abschlüsse**: Wenn du eine formelle Qualifikation möchtest, die dich in deinem neuen Berufsfeld etabliert, könnte ein Zertifikat oder ein staatlich anerkannter Abschluss sinnvoll sein.

Ich selbst habe mich für eine Umschulung entschieden, die aufgrund meiner gesundheitlichen Probleme von der Deutschen Rentenversicherung gefördert wurde. Hier bekam ich nicht nur finanzielle Unterstützung, sondern auch eine genaue Struktur, die mir half, fokussiert zu bleiben. Die Wahl der richtigen Weiterbildung hängt also von deinen persönlichen Zielen und deiner Lebenssituation ab.

3. Die richtige Lernmethode finden

Jeder Mensch lernt auf eine andere Weise. Manche bevorzugen es, in einem klassischen Klassenzimmer zu lernen, andere sind eher Selbstlerner und bevorzugen es, online zu lernen. Es ist wichtig, herauszufinden, welche Lernmethode für dich am besten funktioniert.

Ich habe festgestellt, dass ich am besten mit einer Mischung aus beidem gelernt habe – einerseits durch strukturierte Online-Kurse und andererseits durch das Selbststudium von Materialien. Außerdem habe ich festgestellt, dass praktische Anwendungen mir am meisten geholfen haben: Sobald ich etwas gelernt hatte, wollte ich es sofort in die Praxis umsetzen. Diese Mischung aus Theorie und Praxis war für mich der Schlüssel zum Erfolg.

4. Kleine Erfolge feiern

Der Weg der Weiterbildung ist nicht immer einfach. Es wird Zeiten geben, in denen du das Gefühl hast, dass der Fortschritt langsamer geht als erwartet oder dass du nicht genug verstehst. Aber lass dich nicht entmutigen – der Lernprozess ist ein Marathon, kein Sprint.

Ich habe für mich gelernt, wie wichtig es ist, auch kleine Erfolge zu feiern. Zum Beispiel jedes Mal, wenn ich ein Kapitel abgeschlossen hatte, gönnte ich mir eine kleine Belohnung. Jedes kleine Ziel zu erreichen, stärkt dein Selbstvertrauen und motiviert dich, weiterzumachen. Und glaube mir, wenn du den ersten großen Schritt geschafft hast, wird der Weg danach viel leichter.

5. Bildung als dauerhaften Prozess ansehen

Der berufliche Neuanfang ist nicht das Ende des Lernens, sondern der Beginn einer neuen Lernreise. Sei dir bewusst, dass du nie aufhören solltest, dich weiterzubilden. Auch nach deiner Weiterbildung wirst du ständig neue Fähigkeiten und Kenntnisse erlangen müssen, um mit den Veränderungen in der Arbeitswelt Schritt zu halten.

Die Bereitschaft, ständig Neues zu lernen, ist eine der größten Stärken, die du auf deinem beruflichen Weg haben kannst. Und es ist nie zu spät, dies zu tun. Du kannst jederzeit neue Ziele setzen und deine Ausbildung oder Weiterbildung anpassen, wenn sich neue Möglichkeiten auftun.

Fazit: Bildung öffnet Türen – Dein Neuanfang wartet

Bildung ist der Schlüssel, um neue Möglichkeiten zu entdecken und den beruflichen Neuanfang zu meistern. Sie ermöglicht dir nicht nur, dein Fachwissen zu erweitern, sondern auch, dein Selbstvertrauen zu stärken und deine berufliche Freiheit zurückzuerlangen. Investiere in dich selbst, finde die richtige Weiterbildung und gehe mit Zuversicht in deinen Neuanfang – der Weg wird sich mit jedem Schritt, den du machst, klarer zeigen.

Übung: Finde deinen Lernweg

Bildung ist kein Ziel, sondern ein Weg – und dieser Weg beginnt mit einer einzigen Entscheidung: Was möchte ich lernen, um meinem Ziel näher zu kommen? Diese Übung hilft dir dabei, deine nächste Lernetappe bewusst zu wählen – damit du nicht im Nebel der Möglichkeiten stecken bleibst, sondern ins Handeln kommst.

Zeitaufwand: 10 Minuten
Ziel der Übung: Du erkennst ein Wissens- oder Fähigkeitsfeld, das dich deinem beruflichen Ziel näher bringt – und wählst eine konkrete Lernmöglichkeit aus, die zu dir passt.

Deine Aufgabe:
Vervollständige diese zwei Sätze mit deinen eigenen Worten:

„Eine Fähigkeit oder ein Wissen, das ich für meinen Neuanfang brauche, ist ...“
(Zum Beispiel: „Grundkenntnisse in Buchhaltung", „Sicherer Umgang mit MS Excel", „Verkaufsgespräche führen", „Online-Marketing verstehen" ...)

_____

_____

„Eine passende Lernform für mich wäre ...“
(z. B. Online-Kurs, Abendkurs, Selbststudium mit YouTube-Videos, eine Beratung bei der Agentur für Arbeit etc.)

_____

_____

Wenn du magst, kannst du gleich notieren, wo du dich über diese Lernform informieren wirst – das bringt dich einen Schritt weiter ins Tun.

Motivierender Impuls:
Lernen ist kein Zeichen von Schwäche – sondern von Wachstum. Du darfst neu anfangen. Und du darfst groß denken.

Kapitel 5:
Gesundheit und Selbstfürsorge –
Deine körperliche und geistige Gesundheit als Grundlage für den Erfolg

Ein beruflicher Neuanfang, egal ob du in einem neuen Job beginnst oder ein eigenes Business startest, erfordert viel Energie – sowohl körperlich als auch geistig. Du wirst feststellen, dass deine Gesundheit und dein Wohlbefinden eine der wichtigsten Ressourcen auf diesem Weg sind. Nur wenn du dich körperlich fit und mental stark fühlst, kannst du den Herausforderungen, die mit einem Neuanfang einhergehen, langfristig standhalten.

Während meiner eigenen beruflichen Neuorientierung habe ich immer wieder festgestellt, wie wichtig es war, auf mich selbst zu achten. Es gab Phasen, in denen ich mich durch den Stress und die vielen neuen Aufgaben überfordert fühlte. Doch durch gezielte Selbstfürsorge und kleine Veränderungen in meinem Alltag konnte ich nicht nur meine Energie zurückgewinnen, sondern auch klarer denken und fokussierter arbeiten. In diesem Kapitel möchte ich dir zeigen, wie du Gesundheit und Selbstfürsorge in deinen beruflichen Neuanfang integrieren kannst, um nicht nur beruflich, sondern auch persönlich zu wachsen.

1. Die Bedeutung von körperlicher Gesundheit
Wenn ein neuer Job oder eine berufliche Umstellung auf dich wartet, ist es entscheidend, dass du dich körperlich fit hältst. Deine Gesundheit ist das Fundament, auf dem du deinen Erfolg aufbauen wirst. Wenn du regelmäßig für deinen Körper sorgst, wirst du weniger anfällig sein für Ermüdung, Stress und Krankheiten, die deinen Neuanfang verzögern könnten.

Es gibt einige grundlegende Bereiche, die du beachten solltest, um deinen Körper während dieser intensiven Zeit des beruflichen Umbruchs gesund zu erhalten – und das gilt natürlich auch grundsätzlich, unabhängig von den äußeren Umständen, die auf dich einwirken:

- **Bewegung:** Regelmäßige körperliche Aktivität steigert nicht nur deine körperliche Gesundheit, sondern auch dein geistiges Wohlbefinden. Auch wenn du gerade wenig Zeit hast, versuche, mindestens 30 Minuten pro Tag aktiv zu sein. Es muss nicht immer ein intensives Workout sein. Ein Spaziergang in der Mittagspause oder Yoga zu Hause kann Wunder wirken.
- **Ernährung:** Eine ausgewogene Ernährung ist entscheidend, um die notwendige Energie für die täglichen Anforderungen deines Neuanfangs zu haben. Achte darauf, dass du ausreichend Obst, Gemüse und hochwertige Eiweiße zu dir nimmst. Versuche, Zucker und verarbeitete Lebensmittel zu reduzieren, da sie deinen Energiehaushalt negativ beeinflussen können.
- **Schlaf:** Schlaf ist eine der wichtigsten Ressourcen, wenn es darum geht, wieder fit und fokussiert zu werden. Guter Schlaf fördert deine Konzentration, Gedächtnisleistung und kreative Denkprozesse. Achte darauf, dass du ausreichend Schlaf bekommst – etwa 7 bis 9 Stunden pro Nacht sind für die meisten Menschen ideal.

Ich habe selbst festgestellt, dass es mir erheblich geholfen hat, kleine Routinen in meinen Alltag einzubauen, die mir halfen, auch in stressigen Zeiten körperlich und mental fit zu bleiben.

2. Mentale Gesundheit – Den Stress bewältigen und die richtige Balance finden

Neben der körperlichen Gesundheit ist auch deine mentale Gesundheit entscheidend, um erfolgreich in einen Neuanfang zu starten. Der Übergang in einen neuen Beruf oder die Gründung eines eigenen Unternehmens ist oft mit Stress verbunden – sei es durch Zeitdruck, Unsicherheiten oder die Angst vor dem Scheitern.

Es ist wichtig, dass du achtsam mit deinem Geist umgehst und Methoden entwickelst, wie du mit dem Stress umgehen kannst. Eine hohe mentale

Belastung kann schnell zu Burnout oder Erschöpfung führen, was deinen Neuanfang gefährden könnte.

Hier sind einige Strategien, die dir helfen können, deine mentale Gesundheit zu stärken und mit Stress umzugehen:

- **Achtsamkeit und Meditation:** Achtsamkeit hilft dir, im Moment präsent zu sein und Stress abzubauen. Du musst keine langen Meditationseinheiten einplanen – auch nur 5 bis 10 Minuten täglich können bereits einen großen Unterschied machen. Meditation beruhigt den Geist, fördert deine Konzentration und stärkt deine Resilienz, also deine Widerstandskraft, gegenüber Herausforderungen.
- **Stressmanagement:** Lerne, wie du Stress frühzeitig erkennst und damit umgehst. Hierbei kann es hilfreich sein, regelmäßig **Atemübungen** oder kurze Pausen einzubauen, um dich zu entspannen. Wenn du merkst, dass sich der Stress aufbaut, ist es wichtig, sofort eine Pause einzulegen und etwas zu tun, das dich beruhigt, sei es ein kurzer Spaziergang oder das Hören von Musik.
- **Grenzen setzen:** In Zeiten eines beruflichen Neuanfangs neigen wir dazu, uns zu überfordern und zu viel auf einmal zu wollen. Setze dir daher klare **Grenzen** und lerne, „Nein" zu sagen, wenn dir etwas zu viel wird. Es ist wichtig, deine Energie und deine Ressourcen zu schonen, um langfristig effektiv arbeiten zu können.

Ich habe selbst gemerkt, dass mir regelmäßige Pausen und kleine Auszeiten halfen, den Fokus zu bewahren und produktiver zu bleiben. So konnte ich mich auf das Wesentliche konzentrieren, ohne mich selbst zu überlasten.

3. Die Rolle von Selbstfürsorge – Wie du dich selbst priorisierst

Selbstfürsorge ist nicht nur ein Trend, sondern eine Notwendigkeit, wenn du erfolgreich bleiben möchtest. Du musst nicht nur an deinen körperlichen und mental-emotionalen Bedürfnissen arbeiten, sondern dir auch Zeit für dich selbst nehmen, um dich von den Anforderungen des Berufslebens zu erholen.

Selbstfürsorge bedeutet, dir regelmäßig Zeit für Aktivitäten zu nehmen, die dir Freude und Erfüllung bringen – unabhängig von beruflichen Verpflichtungen. Das kann ein kreatives Hobby sein, Zeit mit Familie und Freunden oder auch eine ruhige Auszeit allein. Es geht darum, den eigenen Akku regelmäßig aufzuladen, um langfristig leistungsfähig zu bleiben.

Wenn du merkst, dass du dich nur noch um andere kümmerst und dich selbst dabei vergisst, ist es höchste Zeit, den Fokus wieder auf dich zu richten. Du bist der wichtigste Bestandteil deines Neuanfangs, und nur wenn du dich selbst gut behandelst, kannst du auch in deinem Beruf wirklich erfolgreich sein.

4. Langfristige Gesundheit und Erfolg – Balance finden und nachhaltig arbeiten

Ein beruflicher Neuanfang ist eine langfristige Reise, die viele Höhen und Tiefen mit sich bringt. Du wirst feststellen, dass die kontinuierliche Pflege deiner Gesundheit und das richtige Gleichgewicht zwischen Arbeit und Selbstfürsorge der Schlüssel zu deinem langfristigen Erfolg sind. Dies ist besonders wichtig, wenn du das Gefühl hast, dich in einem neuen Berufsfeld beweisen zu müssen.

Denke daran, dass es nicht darum geht, immer alles perfekt zu machen, sondern darum, dir Raum für Fehler, Lernprozesse und Erholung zu lassen. Erfolgreiches Arbeiten hängt nicht nur von deinem beruflichen Engagement ab, sondern auch von deiner Fähigkeit, mit den Herausforderungen auf gesunde Weise umzugehen.

Fazit: Gesundheit als Grundlage für deinen Neuanfang

Gesundheit und Selbstfürsorge sind die Grundlage für jeden beruflichen Neuanfang. Nur wenn du körperlich und geistig fit bist, kannst du dein volles Potenzial ausschöpfen und langfristig erfolgreich bleiben. Achte auf deinen Körper, baue regelmäßige Pausen ein und finde Strategien, wie du den Stress bewältigen kannst. Nur so wirst du auch in schwierigen Zeiten durchhalten und dich auf deine beruflichen Ziele konzentrieren können.

Wenn du dir regelmäßig Zeit für dich selbst nimmst, wirst du feststellen, dass du nicht nur produktiver, sondern auch zufriedener und erfolgreicher in deinem neuen Job oder Business bist.

Übung: Deine tägliche Energiequelle

Dein beruflicher Neuanfang braucht nicht nur einen Plan – er braucht dich mit deiner Kraft. Körperliche und mentale Energie sind keine Zufälle, sondern das Ergebnis guter Selbstfürsorge. In dieser Übung geht es darum, eine konkrete kleine Gewohnheit zu finden, die dir täglich neue Energie schenkt.

Zeitaufwand: 10 Minuten
Ziel der Übung: Du identifizierst eine konkrete, gesunde Gewohnheit, die du ab heute täglich für dich selbst praktizierst – und die dir hilft, deine Energie langfristig zu erhalten.

Deine Aufgabe:
Vervollständige diesen Satz mit deinen eigenen Worten:

„Eine kleine Sache, die ich ab heute jeden Tag für meine Gesundheit oder mein Wohlbefinden tun will, ist ...“
(Zum Beispiel: 15 Minuten spazieren gehen, einen Apfel statt Schokolade essen, um 22 Uhr schlafen gehen, morgens 5 Minuten ruhig atmen, mein Handy beim Frühstück weglegen ...)

_____

_____

Notiere deine Antwort und setze dir das Ziel, sie eine Woche lang täglich umzusetzen. Markiere dir gleich den morgigen Start.

Motivierender Impuls:
Du musst nicht alles ändern, um gesund und stark zu bleiben. Eine gute Entscheidung pro Tag reicht, um dich langfristig auf Kurs zu halten.

Kapitel 6:
Mentale Stärke und Resilienz –
Wie du Rückschläge meisterst und dich nicht entmutigen lässt

Ein beruflicher Neuanfang, besonders später im Leben, ist ein mutiger Schritt. Du nimmst neue Herausforderungen an, verlässt vielleicht deine Komfortzone und begibst dich in unbekannte Gewässer. Doch während dieser Reise wirst du auch auf Rückschläge, Misserfolge und schwierige Zeiten stoßen. Diese Momente sind unvermeidlich, aber sie müssen dich nicht entmutigen oder aus der Bahn werfen. Mentale Stärke und Resilienz sind die Schlüssel, um auch in schwierigen Phasen weiterzumachen, aus Misserfolgen zu lernen und schließlich stärker daraus hervorzugehen.

In diesem Kapitel möchte ich dir zeigen, wie du mentale Stärke aufbaust, wie du Resilienz entwickelst und wie du durch schwierige Phasen hindurchgehst, ohne deine Motivation zu verlieren. Denn der wahre Erfolg kommt nicht nur von den guten Zeiten, sondern auch von der Fähigkeit, Rückschläge zu überwinden und daraus zu wachsen.

1. Rückschläge als Teil des Prozesses begreifen

Rückschläge sind ein unvermeidlicher Teil jedes beruflichen Neuanfangs. Sie können in Form von Misserfolgen, Verletzungen, Fehlern oder verpassten Chancen auftreten. Oftmals empfinden wir solche Rückschläge als persönliche Niederlagen. Doch in Wirklichkeit sind sie nur Herausforderungen auf dem Weg zu deinem Erfolg.

Ich erinnere mich an die vielen Momente, in denen ich mich gefragt habe, ob ich den richtigen Weg gehe – besonders in der Anfangsphase meiner beruflichen Umschulung. Es gab Zeiten, in denen ich das Gefühl hatte, nicht schnell genug voranzukommen oder nicht genug zu leisten. Doch ich habe gelernt, Rückschläge nicht als Misserfolge, sondern als Lernmöglichkeiten zu betrachten. Jeder Fehler, den ich gemacht habe, war eine Gelegenheit, besser zu werden.

Ein wichtiger Schritt, um resilient zu werden, ist, Rückschläge als Teil des Prozesses zu akzeptieren. Jeder Schritt, auch der schwierige, bringt dich deinem Ziel näher. Wachstum passiert nicht in der Komfortzone, sondern in den Momenten, in denen du aus deinen Fehlern und Herausforderungen lernst.

2. Deine innere Motivation aufrechterhalten – Warum dein Warum entscheidend ist

In Momenten des Zweifels und der Enttäuschung ist es wichtig, dass du deine innere Motivation aufrechterhältst. Motivation ist nicht nur der Funke, der dich am Anfang deines Neuanfangs antreibt, sondern auch die Energiequelle, die dir hilft, durch schwierige Zeiten zu kommen.

Eine der besten Methoden, um deine Motivation in schwierigen Momenten zu bewahren, ist, dir immer wieder vor Augen zu führen, warum du diesen Neuanfang wagst. Was ist dein tiefster Beweggrund? Ist es der Wunsch nach persönlicher Freiheit? Der Drang, etwas Neues zu lernen? Oder die Erfüllung eines lang gehegten Traums? Dein „Warum" sollte immer der Anker sein, an dem du dich festhältst, wenn die Dinge herausfordernd werden.

Ich habe oft die Erfahrung gemacht, dass es mir enorm geholfen hat, klar zu definieren, was mich antreibt. Als ich mich nach der Umschulung für eine neue berufliche Richtung entschied, musste ich mir regelmäßig bewusst machen, warum dieser Schritt so wichtig für mich war. Dieses klare Warum gab mir die nötige Klarheit und Energie, auch in schwierigen Momenten weiterzumachen.

3. Praktische Tipps für den Umgang mit Rückschlägen und Misserfolgen

Wenn du mit einem Rückschlag konfrontiert wirst, ist es entscheidend, praktische Schritte zu unternehmen, um wieder auf die Beine zu kommen.

Dabei geht es nicht nur darum, den Rückschlag zu akzeptieren, sondern aktiv etwas zu tun, um dich zu erholen und weiterzumachen.

Ein paar praktische Tipps, wie du Rückschläge und Misserfolge besser meistern kannst:

- **Akzeptiere den Rückschlag:** Der erste Schritt ist immer, den Rückschlag zu akzeptieren. Versuche nicht, dich selbst dafür zu verurteilen oder dich in negativen Gedanken zu verlieren. Akzeptiere, dass Rückschläge zum Lernprozess gehören und lasse dich nicht entmutigen.
- **Analysiere die Situation:** Überlege, was schiefgegangen ist und warum. Was kannst du daraus lernen? Welche Maßnahmen kannst du ergreifen, um in Zukunft besser vorbereitet zu sein? Rückschläge sind oft Gelegenheiten, deine Strategien zu überdenken und zu verbessern.
- **Suche nach Lösungen:** Anstatt dich auf das Problem zu konzentrieren, suche nach Lösungen. Überlege, was du jetzt tun kannst, um vorwärts zu kommen. Vielleicht bedeutet das, nach neuen Möglichkeiten zu suchen, neue Fähigkeiten zu erlernen oder um Unterstützung zu bitten.
- **Sei geduldig mit dir selbst:** Veränderungen und neue Wege brauchen Zeit. Erlaube dir, geduldig zu sein und Fehler als natürlichen Teil des Wachstumsprozesses zu akzeptieren.

4. Resilienz durch positive Gewohnheiten – Wie du deine Widerstandskraft langfristig stärkst

Resilienz ist keine Fähigkeit, die du einmal entwickelst und dann für immer behältst. Sie ist wie ein Muskel, den du durch kontinuierliche positive Gewohnheiten stärkst. Um resilient zu bleiben, musst du regelmäßig auf deine geistige Gesundheit achten und deine Fähigkeit, mit Rückschlägen umzugehen, trainieren.

Hier sind einige Gewohnheiten, die dir helfen können, deine Resilienz langfristig zu stärken:

- **Achtsamkeit:** Achtsamkeit und Meditation sind hervorragende Techniken, um deinen Geist zu beruhigen und Stress abzubauen. Durch regelmäßige Achtsamkeitsübungen kannst du lernen, im Moment präsent zu sein und mit schwierigen Gefühlen konstruktiv umzugehen.
- **Positives Denken:** Lerne, deinen Fokus auf das Positive zu lenken, auch wenn es gerade schwerfällt. Du kannst dir angewöhnen, jeden Tag drei positive Dinge aufzuschreiben, die du erlebt hast, um deine Wahrnehmung von Herausforderungen zu verändern.
- **Selbstfürsorge:** Sorge regelmäßig für dich selbst, sowohl körperlich als auch geistig. Ein gesunder Körper ist die Grundlage für mentale Stärke. Bewegung, gesunde Ernährung und ausreichend Schlaf tragen dazu bei, dass du stärker und widerstandsfähiger wirst.
- **Netzwerk und Unterstützung suchen:** Resilienz bedeutet nicht, alles alleine zu schaffen. Suche dir Unterstützung bei Freunden, Familie oder Kollegen. Das Gefühl, nicht allein zu sein, kann deine Widerstandskraft enorm stärken.

5. Langfristige Resilienz – Wie du deine Widerstandskraft kontinuierlich aufbaust

Langfristige Resilienz ist der Schlüssel, um dauerhaft mit Herausforderungen und Rückschlägen umzugehen, ohne den Glauben an dich selbst zu verlieren. Es geht nicht nur darum, mit Rückschlägen in der Gegenwart umzugehen, sondern auch darum, strategisch an deiner eigenen Widerstandskraft zu arbeiten, damit du in der Zukunft besser auf neue Herausforderungen vorbereitet bist.

Resilienz wird durch Kontinuität gestärkt. Wenn du regelmäßig an deiner mentalen Gesundheit arbeitest und in positive Gewohnheiten investierst, wird deine Widerstandskraft immer stärker. Selbstreflexion, regelmäßige Pausen und das Feiern von Erfolgen tragen ebenfalls dazu bei, dass du langfristig resilient bleibst.

Fazit: Mentale Stärke und Resilienz als Schlüssel zum Erfolg

Mentale Stärke und Resilienz sind entscheidend, um deinen beruflichen Neuanfang erfolgreich zu meistern. Rückschläge und Herausforderungen sind unvermeidlich, aber sie bieten auch die Möglichkeit, zu wachsen und stärker zu werden. Durch die Entwicklung positiver Gewohnheiten, das Setzen klarer Ziele und die Fähigkeit, aus Fehlern zu lernen, wirst du in der Lage sein, schwierige Zeiten zu überstehen und langfristig erfolgreich zu sein.

Indem du deine Resilienz kontinuierlich stärkst, kannst du nicht nur Rückschläge meistern, sondern auch in schwierigen Zeiten motiviert bleiben und deinen Neuanfang mit Zuversicht und Ausdauer fortsetzen.

Übung: Dein „Warum" als Kraftquelle

Wenn es schwierig wird – und das wird es manchmal – brauchst du etwas, das dich innerlich trägt. Dein „Warum" ist dieser innere Antrieb, der dir hilft, auch bei Rückschlägen weiterzugehen. In dieser Übung machst du dein „Warum" sichtbar und stärkst damit deine mentale Ausdauer.

Zeitaufwand: 10 Minuten
Ziel der Übung: Du formulierst dein persönliches „Warum" – den tieferen Grund, weshalb du diesen beruflichen Neuanfang wagst – als Motivation für herausfordernde Zeiten.

Deine Aufgabe:
Beende diesen Satz mit deinen eigenen Worten – so ehrlich, kraftvoll und persönlich wie möglich:

„Ich gehe diesen Weg, weil ..."
(Zum Beispiel: ... ich wieder stolz auf mich sein will. ... ich mir selbst beweisen will, dass es nie zu spät ist. ... ich für meine Familie ein gutes Vorbild sein möchte.)

_____

_____

Schreib deinen Satz auf – groß, klar, sichtbar. Und lies ihn dir jedes Mal durch, wenn du zweifelst.

Motivierender Impuls:
Rückschläge werfen dich nur dann zurück, wenn du vergisst, warum du losgegangen bist. Halte dein „Warum" fest – es ist dein innerer Kompass.

Kapitel 7:
Zeitmanagement –
Wie du den Spagat zwischen Alt und Neu meisterst

Zeitmanagement: Ein Thema, das uns alle irgendwann beschäftigt. Wenn du wie ich in einem fortgeschrittenen Alter einen beruflichen Neuanfang wagst, dann stehst du oft vor der Herausforderung, den Spagat zwischen verschiedenen Lebensbereichen zu meistern. Du hast vielleicht noch andere Verpflichtungen wie Familie, Freunde, Haushalt oder sogar ein bestehendes Einkommen. Und dann kommt plötzlich dieser Neuanfang, der dir sowohl spannende Chancen als auch neue Anforderungen stellt.

Ich erinnere mich noch gut daran, wie ich versuchte, meine Umschulung mit meinem bisherigen Leben in Einklang zu bringen. Jeden Tag jonglierte ich zwischen Lernen, Haushalt, Einkäufen und den vielen anderen Verpflichtungen, die das Leben so mit sich bringt. Es war ein ziemlicher Balanceakt. Oft fühlte es sich an, als würde ich ständig hinterherhinken – und das mit dem Druck, noch „mit den Jüngeren" mitzuhalten.

Aber im Laufe der Zeit habe ich gelernt, dass es nicht darum geht, immer alles perfekt hinzubekommen. Es geht darum, die richtige Balance zu finden, die für dich funktioniert. In diesem Kapitel möchte ich dir einige hilfreiche Tipps geben, wie du deine Zeit besser einteilen kannst, um sowohl für deinen Neuanfang als auch für die anderen Aspekte deines Lebens genug Raum zu schaffen.

1. Dein „Warum" klären: Die Grundlage deines Zeitmanagements
Bevor du dich in den Dschungel der To-Do-Listen stürzt, solltest du dir eine wichtige Frage stellen: Warum tust du das? Warum willst du dich

weiterbilden oder einen beruflichen Neuanfang starten? Was ist dein langfristiges Ziel?

Die Antwort auf diese Frage wird dir nicht nur Klarheit verschaffen, sondern dir auch helfen, deine Prioritäten richtig zu setzen. Ich habe zum Beispiel festgestellt, dass mein „Warum" mir unendlich viel Energie gab, als ich die anstrengenden Phasen meiner Umschulung durchlebte. Der Gedanke an die Unabhängigkeit und Freiheit, die mir ein neuer Job oder vielleicht sogar ein eigenes Business bringen würde, motivierte mich, auch an schwierigen Tagen weiterzumachen.

Wenn du weißt, warum du tust, was du tust, wird es dir leichter fallen, deine Zeit bewusst einzusetzen. Dein „Warum" hilft dir dabei, dich auf das Wesentliche zu konzentrieren und nicht in unwichtigen Details zu verlieren.

2. Prioritäten setzen – Was ist wirklich wichtig?

Wir alle haben eine Menge Dinge, die unsere Zeit beanspruchen. Aber nicht alles ist gleich wichtig. Als ich mit meiner Umschulung begann, musste ich lernen, Dinge abzugeben und mich auf das Wesentliche zu konzentrieren. Das bedeutet, dass du lernen musst, Prioritäten zu setzen.

Es ist wichtig, zwischen Aufgaben zu unterscheiden, die dringend und wichtig sind, und solchen, die weniger dringend oder weniger wichtig sind. Ein einfacher Weg, dies zu tun, ist die Eisenhower-Matrix, die Aufgaben in vier Kategorien unterteilt:

- **Wichtig und dringend**: Diese Aufgaben sollten sofort erledigt werden.
- **Wichtig, aber nicht dringend**: Diese Aufgaben solltest du planen und in deinem Kalender festhalten.
- **Dringend, aber nicht wichtig**: Diese Aufgaben kannst du delegieren oder abgeben.
- **Nicht dringend und nicht wichtig**: Diese Aufgaben solltest du minimieren oder ganz streichen.

3. Dein Zeitbudget – Wie viel Zeit kannst du investieren?

Ein häufiger Fehler, den viele bei einem Neuanfang machen, ist, sich zu viel vorzunehmen. Es ist leicht, sich in eine Vielzahl von Aufgaben zu stürzen, ohne darüber nachzudenken, wie viel Zeit du tatsächlich zur Verfügung hast. Deshalb ist es wichtig, dir ein realistisches Zeitbudget zu setzen.

Ich habe für mich selbst festgestellt, dass es sehr hilfreich war, zu Beginn meiner Umschulung genau zu planen, wie viel zusätzliche Zeit ich täglich und wöchentlich zum Lernen investieren kann. Dabei sollte ich auch meine eigenen Grenzen respektieren. Wenn ich keine Zeit mehr für andere wichtige Lebensbereiche wie Familie oder Freunde hatte, dann wusste ich, dass ich etwas ändern musste.

Das bedeutet nicht, dass du dich nur auf deinen Neuanfang konzentrieren solltest. Ein gutes Zeitmanagement hilft dir, auch andere Lebensbereiche nicht zu vernachlässigen und dich nicht in einem einzigen Bereich zu verlieren.

4. Effektiv lernen und arbeiten – Die Pomodoro-Technik

Eine meiner liebsten Techniken, um fokussiert zu bleiben, ist die Pomodoro-Technik. Sie hilft mir, konzentriert zu arbeiten, ohne mich zu überfordern. Der Trick ist einfach: Du arbeitest 25 Minuten konzentriert an einer Aufgabe und machst dann 5 Minuten Pause. Nach vier „Pomodoros" (also 100 Minuten Arbeit) machst du eine längere Pause von etwa 20 bis 30 Minuten.

Diese Technik hilft nicht nur, deine Zeit effektiv zu nutzen, sondern auch, dich mental nicht zu erschöpfen. Du wirst feststellen, dass du nach nur wenigen Stunden konzentrierter Arbeit mehr geschafft hast, als du je für möglich gehalten hättest – und das ohne Überforderung.

5. Zeit für Erholung und Selbstfürsorge einplanen

Der Neuanfang, das Lernen und die vielen neuen Herausforderungen können dich schnell erschöpfen. Es ist wichtig, dass du dir Zeit für Erholung und Selbstfürsorge nimmst. Nur wenn du auf dich selbst achtest, kannst du langfristig produktiv bleiben und dein Ziel erreichen.

Ich habe mir am Anfang oft gesagt, dass ich keine Zeit für Pausen hatte. Aber ich habe schnell gelernt, dass Pausen und Erholung für die Erreichung meiner Ziele genauso wichtig sind wie das Lernen selbst. Ein ausgeruhter Geist ist viel produktiver als einer, der ständig unter Strom steht.

Fazit: Dein Neuanfang braucht Zeit – und du solltest dir diese Zeit nehmen

Zeitmanagement bedeutet nicht, deinen Tag minutiös durchzuplanen und dich unter Druck zu setzen. Es bedeutet, bewusst Zeit für die Dinge einzuplanen, die dir wichtig sind, und zu erkennen, dass du Zeit brauchst, um deinen Neuanfang erfolgreich zu gestalten. Es geht darum, die richtige Balance zwischen den Anforderungen deines Lebens und deinen beruflichen Zielen zu finden.

Wenn du lernst, deine Zeit bewusst zu planen, deine Prioritäten zu setzen und dir Pausen zu gönnen, wirst du feststellen, dass der Spagat zwischen Alt und Neu viel einfacher wird, als du denkst. Und vor allem: Du wirst in der Lage sein, deinen Neuanfang mit Leichtigkeit und Freude anzugehen.

Übung: Dein Wochenfenster für den Neuanfang

Dein beruflicher Neuanfang braucht nicht mehr Zeit – er braucht bewusste Zeit. Statt zu hoffen, dass irgendwo eine freie Stunde übrig bleibt, hilft es, dir aktiv ein kleines Zeitfenster für dein Ziel zu reservieren. In dieser Übung findest du genau dieses Fenster – und machst Platz für dein „Neues Ich".

Zeitaufwand: 10–15 Minuten
Ziel der Übung: Du definierst ein realistisches, festes Zeitfenster in deiner Woche, das du regelmäßig für deinen Neuanfang nutzen wirst.

Deine Aufgabe:
Beantworte die folgende Frage – ehrlich und so konkret wie möglich:

„An welchem Tag und zu welcher Uhrzeit nehme ich mir in der kommenden Woche mindestens 1 Stunde Zeit für meinen beruflichen Neuanfang – ganz ohne Ablenkung?"
(Zum Beispiel: Mittwoch von 19:00–20:00 Uhr, Sonntagvormittag oder Montag in der Mittagspause.)

_____

_____

Notiere deine Antwort als Termin – am besten mit Datum und Uhrzeit – und betrachte diesen Termin als unverschiebbar wichtig.

Motivierender Impuls:
Du musst nicht alles auf einmal schaffen. Aber wenn du dir jede Woche ein kleines Zeitfenster schenkst, schenkst du dir selbst die Chance, wirklich voranzukommen.

Kapitel 8:
Vom Stress zum Flow –
Den richtigen Job finden und sich wohlfühlen

Kennst du das Gefühl, in einem Job zu sein, der einfach nicht zu dir passt? Ich habe es erlebt, als ich nach meiner Umschulung zur Industriekauffrau in diesem Beruf arbeitete. Die ersten Monate waren eine spannende Herausforderung, aber irgendwann merkte ich: „Das ist nicht meins. Hier fühle ich mich nicht ganz in meine, Element." Ich liebte die Unabhängigkeit und Freiheit, die mir mein früherer Beruf als Lkw-Fahrerin gegeben hatte, und ich spürte, dass ich diese wiederfinden wollte.

Es ist völlig normal, dass du auf der Suche nach dem richtigen Job oder Beruf ein wenig ins Strauchern gerätst. Gerade bei einem Neuanfang sind die Erwartungen hoch, und es gibt eine Menge Druck. Doch statt dich von diesem Stress überwältigen zu lassen, solltest du lernen, den Prozess als eine Reise zu betrachten, bei der du dich selbst entdeckst und herausfindest, was wirklich zu dir passt.

In diesem Kapitel möchte ich dir zeigen, wie du den richtigen Job findest – einen, der nicht nur deinen Fähigkeiten entspricht, sondern auch deinem Wunsch nach Unabhängigkeit und Erfüllung gerecht wird. Außerdem wirst du lernen, wie du den Stress der Jobsuche in eine Chance verwandelst und die Reise zu deinem neuen Berufsleben als positiven Schritt erlebst.

1. Den richtigen Job finden – Was macht dich wirklich glücklich?

Die erste Frage, die du dir stellen solltest, ist: Was macht dich wirklich glücklich? Was sind die Dinge, die dich bei der Arbeit erfüllen und dir ein gutes Gefühl geben? Du musst nicht alles über Nacht herausfinden, aber je mehr du über deine Bedürfnisse und Wünsche weißt, desto gezielter kannst du deinen neuen beruflichen Weg gestalten.

Ich wusste zu Beginn meiner Umschulung, dass ich etwas Neues lernen wollte, aber ich hatte auch das Bedürfnis nach mehr Flexibilität und Unabhängigkeit. Der Job, den ich nach der Umschulung fand, war zwar sicher, aber er erfüllte nicht das Bedürfnis nach Freiheit, das ich mir erhoffte. Ich spürte, dass ich noch auf der Suche nach etwas war, das besser zu mir passte.

Die Frage, die du dir stellen solltest, lautet also: Welche Arbeitsbedingungen und Aufgaben machen dir wirklich Freude? Willst du in einem Büro arbeiten oder suchst du nach etwas Flexiblerem, zum Beispiel im Home-Office? Benötigst du ein festes Team, mit dem du zusammenarbeitest, oder bevorzugst du es, alleine zu arbeiten? Was für eine Art von Arbeitsumfeld möchtest du? Diese Fragen können dir helfen, die Richtung für deinen Neuanfang zu finden.

2. Stress in der Jobsuche – Wie du damit umgehst

Die Jobsuche kann stressig sein, besonders wenn du das Gefühl hast, dass du die Zeit gegen dich hast. Gerade beim beruflichen Neuanfang ist es oft schwer, den Druck von außen nicht zu spüren. Vielleicht hast du das Gefühl, dass es bei der Jobsuche um mehr als nur einen Job geht – es geht um dein Selbstvertrauen, deine finanzielle Sicherheit und deine persönliche Zukunft.

Aber Stress ist nicht unbedingt negativ. Er kann dich motivieren und dir helfen, fokussiert zu bleiben. Der Trick ist, den Stress als Antrieb zu nutzen, anstatt von ihm erdrückt zu werden. Ich habe das selbst erlebt: Als ich nach meiner Umschulung auf Jobsuche war, fühlte ich mich oft gestresst und unsicher. Aber statt mich davon lähmen zu lassen, habe ich den Stress als Zeichen dafür genommen, dass ich auf dem richtigen Weg war – dass ich etwas verändern wollte.

3. Flow erleben – Wie du den richtigen Job findest, der dich erfüllt

Du hast bestimmt schon von dem Konzept des „Flows" gehört. Flow beschreibt den Zustand, in dem du in einer Tätigkeit so vertieft bist, dass du alles um dich herum vergisst und die Zeit wie im Flug vergeht. Das ist der Zustand, in dem du deine Arbeit wirklich liebst und dich vollkommen darin verwirklichst.

Ich habe diesen Flow erlebt, als ich Lkw gefahren bin und später in die Tätigkeit als Appointment-Setterin einstieg. Ich wusste, dass ich etwas gefunden hatte, das mich wirklich interessierte und mir Spaß machte. Diese Freiheit und Unabhängigkeit waren für mich die Voraussetzungen, um wieder in den Flow zu kommen. Auch wenn der Weg dahin nicht immer einfach war, wusste ich plötzlich, dass ich mich in meinem neuen Beruf wohlfühlte und den richtigen Job gefunden hatte.

Dein Ziel sollte es sein, diesen Flow in deinem Beruf zu finden. Das bedeutet, dass du dir bewusst sein solltest, wann du in der Arbeit aufblühst und wann du dich „verlierst". Überlege dir, welche Tätigkeiten dir wirklich Freude bereiten und welche du am liebsten in deinem neuen Job machen würdest. Der Flow entsteht dann, wenn du diese Tätigkeiten in deinen Arbeitsalltag integrierst.

4. Die Bedeutung von Netzwerken – Kontakte knüpfen und Chancen entdecken

Networking ist ein weiteres wichtiges Element bei der Jobsuche und dem Neuanfang. Viele Menschen unterschätzen, wie viel Einfluss Netzwerke auf die Karriere haben können. Kontakte zu anderen Menschen in der Branche, sei es auf beruflichen Plattformen wie LinkedIn oder in persönlichen Gesprächen, können dir nicht nur wertvolle Informationen über Stellenangebote geben, sondern dir auch den Zugang zu versteckten Chancen verschaffen.

Ich habe gemerkt, wie wichtig es war, mit anderen Menschen in Kontakt zu bleiben und mich zu vernetzen. Ob über Online-Kurse, Branchen-Events oder durch alte Bekannte – das Netzwerken hat mir geholfen, Möglichkeiten zu finden, die ich alleine nie entdeckt hätte.

Mehr zum Thema Netzwerken erfährst du in Kapitel 13.

Fazit: Der richtige Job wartet auf dich – auch wenn der Weg dorthin nicht immer gerade ist

Die Jobsuche muss nicht immer stressig oder frustrierend sein. Sie kann eine Reise zu deinem eigenen erfüllten Beruf sein, wenn du dich darauf einlässt. Es geht darum, den richtigen Job zu finden – einen, der deine Bedürfnisse, deine Werte und deine Stärken berücksichtigt. Und vor allem geht es darum, den Prozess nicht als Last, sondern als Chance zu sehen.

Du wirst deinen Weg finden. Schritt für Schritt. Und wenn du den Flow gefunden hast, wirst du merken, dass sich alles fügt – und du am Ziel bist.

Übung: Finde deinen Flow-Moment

Manchmal verrät uns unser Körper schneller als der Kopf, was uns wirklich liegt: Der Moment, in dem die Zeit vergeht, du dich lebendig fühlst und ganz bei dir bist – das ist Flow. In dieser Übung gehst du genau diesem Gefühl auf die Spur und findest Hinweise auf den Job, der wirklich zu dir passt.

Zeitaufwand: 10–15 Minuten
Ziel der Übung: Du erinnerst dich an eine Tätigkeit, bei der du im Flow warst – und leitest daraus erste Hinweise auf deinen idealen Arbeitsstil oder Beruf ab.

Deine Aufgabe:
Vervollständige diesen Satz mit deinen eigenen Worten:

„Ich war zuletzt richtig im Flow, als ich …"
(Beschreibe, was du gemacht hast, wie du dich dabei gefühlt hast und warum es dir so leichtgefallen ist.)

_____

_____

Frage dich anschließend:
„Was sagt mir dieser Moment über die Art von Job, die zu mir passt?"
(Zum Beispiel: Ich arbeite gern kreativ, ich brauche Bewegung, ich liebe es, mit Menschen zu kommunizieren oder Dinge zu organisieren.)

_____

_____

Notiere auch das – und lies es dir regelmäßig durch, wenn du dich beruflich neu orientierst.

Motivierender Impuls:
Der richtige Job fühlt sich nicht wie ein Kampf an – sondern wie ein natürlicher Fluss. Vertraue deinem Flow – er zeigt dir, wohin du gehörst.

Kapitel 9:
Work-Life-Balance –
Wie du Beruf und Privatleben in Einklang bringst

Ein beruflicher Neuanfang, besonders wenn du mit 50+ in eine neue berufliche Phase startest, kann sowohl aufregend als auch herausfordernd sein. Du hast nicht nur deine beruflichen Ziele im Blick, sondern trägst auch Verantwortung in anderen Lebensbereichen – sei es als Elternteil, pflegende*r Angehörige*r oder einfach als Mensch, der ein erfülltes Leben außerhalb der Arbeit führen möchte. Es ist entscheidend, dass du eine gesunde Work-Life-Balance findest, um sowohl beruflich als auch privat erfolgreich und zufrieden zu sein.

Viele von uns neigen dazu, Arbeit und Karriere an die Spitze unserer Prioritätenliste zu setzen, besonders wenn wir einen Neuanfang wagen. Wir möchten beweisen, dass wir erfolgreich sind, neue Fähigkeiten erlernen und uns beruflich weiterentwickeln. Doch allzu oft vernachlässigen wir dabei unser Privatleben, was zu Stress, Erschöpfung und Unzufriedenheit führen kann.

In diesem Kapitel möchte ich dir zeigen, wie du deine beruflichen Ziele mit deinen persönlichen Bedürfnissen und sozialen Verantwortungen in Einklang bringen kannst, wie du deine Zeit effektiv organisierst, und wie du Grenzen setzt, um dich vor beruflichem Stress zu schützen.

1. Die Bedeutung der Work-Life-Balance – Warum sie entscheidend für deinen Erfolg ist

Work-Life-Balance bedeutet, dass du deine beruflichen und privaten Verpflichtungen in einem gesunden Gleichgewicht hältst, ohne dass eine Seite die andere dominiert. Eine ausgewogene Balance ist entscheidend, weil sie dir hilft, deine Energie zu bewahren, Kreativität zu fördern und deine Gesundheit zu schützen.

Ein beruflicher Neuanfang bringt viele Anforderungen und Stress mit sich. Doch wenn du den Fokus nur auf deine Arbeit legst und deine persönlichen Bedürfnisse und familiären Verpflichtungen außen vor lässt, wirst du langfristig Gefahr laufen, auszubrennen. Beruflicher Erfolg allein bringt dir nicht die Erfüllung, die du dir wünschst, wenn dein Privatleben leidet.

Ich habe selbst die Erfahrung gemacht, dass der Druck, beruflich erfolgreich zu sein, oft dazu führt, dass man das Privatleben aus den Augen verliert. Besonders in Phasen des beruflichen Umbruchs hatte ich das Gefühl, ständig arbeiten zu müssen, um „schnell" voranzukommen. Doch bald wurde mir klar, dass es mir nicht nur um beruflichen Erfolg ging, sondern auch darum, eine gesunde und erfüllte Lebensweise außerhalb der Arbeit zu führen.

2. Wie du deine beruflichen Ziele mit familiären und sozialen Verantwortungen in Einklang bringst

Wenn du Verantwortung für Familie oder andere wichtige soziale Aufgaben trägst, kann es eine Herausforderung sein, deine beruflichen Ziele zu verfolgen, ohne dass deine familiären Verpflichtungen leiden. Gerade dann, wenn du einen beruflichen Neuanfang wagst, ist es wichtig, dass du dich nicht nur auf deine Karriere konzentrierst, sondern auch deine Familie, Freunde und sozialen Beziehungen pflegst.

Der Schlüssel liegt in der Integration dieser verschiedenen Aspekte in deinen Alltag. Du musst lernen, deine beruflichen Aufgaben so zu organisieren, dass sie nicht in Konflikt mit deinen familiären Verantwortungen geraten. Das bedeutet nicht, dass du dich auf der Arbeit weniger engagieren musst, sondern dass du einen strategischen Plan entwickelst, der dir ermöglicht, beides zu erfüllen.

Ich habe festgestellt, dass es mir geholfen hat, meine Zeit und Energie so zu planen, dass ich sowohl für meinen beruflichen Neuanfang als auch für meine Familie präsent sein konnte. Kommunikation und klare Absprachen mit meinen Liebsten waren ein wichtiger Teil dieses Prozesses. Sie wussten, dass es Phasen gab, in denen ich besonders viel arbeiten musste, aber auch, dass ich mir bewusst Zeit für sie nehmen wollte.

3. Tipps, wie du deine Zeit effektiv organisierst und Prioritäten setzt

Die Organisation deiner Zeit ist ein wesentlicher Bestandteil, um Arbeit und Privatleben in Einklang zu bringen. Ohne eine klare Struktur kannst du leicht den Überblick verlieren und dich überfordert fühlen. Eine effektive Zeitplanung hilft dir nicht nur, produktiver zu arbeiten, sondern auch, deine freie Zeit bewusster zu nutzen.

Hier sind einige Tipps, wie du deine Zeit besser organisieren und deine Prioritäten setzen kannst:

- **Erstelle eine wöchentliche To-Do-Liste**: Schreibe jeden Sonntag auf, welche Aufgaben du in der kommenden Woche erledigen möchtest, sowohl beruflich als auch privat. Sortiere die Aufgaben nach Dringlichkeit und Wichtigkeit.
- **Setze klare Arbeitszeiten**: Wenn du von zu Hause ausarbeitest oder flexibel bist, lege feste Arbeitszeiten fest, damit du weißt, wann du dich ganz der Arbeit widmen kannst und wann du Zeit für dich und deine Familie hast.
- **Nutze Tools zur Zeitplanung**: Kalender-Apps und Planungssoftware wie z.B. Google Kalender oder Looping können dir helfen, deine Aufgaben übersichtlich zu verwalten und Fristen nicht zu verpassen.
- **Woche im Voraus planen**: Plane deinen Arbeitstag am Abend zuvor. Dies hilft dir, dich auf die wichtigsten Aufgaben zu konzentrieren und den Tag produktiver zu gestalten.
- **Plane einen Puffer für Eventualitäten ein**: Sei realistisch und berücksichtige, dass unerwartete Aufgaben oder Unterbrechungen auftreten können. Ein kleiner Puffer hilft dir, flexibel zu bleiben.

Ich habe festgestellt, dass ich produktiver und weniger gestresst bin, wenn ich meine Woche im Voraus plane und mir feste Zeiten für bestimmte

Aufgaben setze. Dadurch weiß ich genau, was auf mich zukommt, und kann sicherstellen, dass ich sowohl berufliche als auch persönliche Verpflichtungen nicht aus den Augen verliere.

4. Grenzen setzen – Wie du dich vor beruflichem Stress schützt

Ein wichtiger Bestandteil der Work-Life-Balance ist das Setzen von Grenzen, um dich vor übermäßigem beruflichem Stress zu schützen. Gerade in Zeiten eines beruflichen Neuanfangs kann es verlockend sein, „immer verfügbar" zu sein und keine Pausen zu machen, um den neuen Anforderungen gerecht zu werden. Doch langfristig ist es entscheidend, klare Grenzen zu ziehen, um Überarbeitung und Burnout zu vermeiden.

Hier sind einige Tipps, wie du beruflichen Stress in den Griff bekommst und gesunde Grenzen setzt:

- **Arbeitszeiten respektieren**: Achte darauf, dass du nach Feierabend oder am Wochenende nicht mehr ständig für berufliche Anfragen erreichbar bist, es sei denn, es ist unbedingt erforderlich.
- **Pausen einplanen**: Gönne dir regelmäßige Pausen, um deine Energie wieder aufzuladen. Nimm dir mindestens alle zwei Stunden eine kurze Auszeit, um den Kopf freizubekommen.
- **Kommunikation im Team**: Wenn du in einem Team arbeitest, sei offen und ehrlich in der Kommunikation, wenn du das Gefühl hast, überlastet zu sein. Dein Team wird eher bereit sein, dich zu unterstützen, wenn du klar deine Grenzen kommunizierst.

5. Die Kunst des Loslassens – Wie du Arbeit auch mal Arbeit sein lässt

Es ist wichtig, dass du die Kunst des Loslassens beherrschst. Das bedeutet, dass du deine Arbeit nicht ständig mit nach Hause nimmst und auch in deiner Freizeit nicht an berufliche Aufgaben denkst. Um wirklich eine Balance zu finden, musst du aufhören, dich ständig mit Arbeit zu beschäftigen, wenn du dich gerade nicht damit befassen musst.

Ich habe festgestellt, dass es mir enorm hilft, meine Arbeit am Ende eines jeden Arbeitstags abzuschließen. Das bedeutet nicht nur, alle Aufgaben zu erledigen, sondern auch, eine mentale Trennung zwischen Arbeit und Freizeit zu schaffen.

Fazit: Die richtige Work-Life-Balance für deinen Neuanfang

Die richtige Work-Life-Balance zu finden, ist kein einmaliges Ziel, sondern ein fortlaufender Prozess. Es geht darum, aktiv Zeit für dich selbst und deine Familie zu planen, Grenzen zu setzen und deine Zeit effektiv zu organisieren. Nur so kannst du sicherstellen, dass du nicht nur beruflich, sondern auch privat erfolgreich und zufrieden bist.

Indem du deine beruflichen Ziele mit deinen persönlichen Bedürfnissen in Einklang bringst, wirst du feststellen, dass du sowohl produktiver bei der Arbeit bist als auch erfüllter in deinem Privatleben. Es ist eine Balance, die dir langfristig Energie und Motivation gibt, um deinen beruflichen Neuanfang mit Freude und Zuversicht zu meistern.

Übung: Dein Wochen-Moment nur für dich

Work-Life-Balance bedeutet nicht, alles unter einen Hut zu bekommen – sondern bewusst Raum für dich selbst zu schaffen. Gerade wenn du viel Verantwortung trägst, ist es entscheidend, dir regelmäßig kleine Inseln der Erholung zu schaffen. Diese Übung hilft dir, genau so einen Moment fest einzuplanen.

Zeitaufwand: 10 Minuten
Ziel der Übung: Du definierst einen festen, persönlichen Wohlfühlmoment in deiner Woche – und machst daraus eine verbindliche Verabredung mit dir selbst.

Deine Aufgabe:
Vervollständige diesen Satz mit deinen eigenen Worten:

„Ein fester Moment in der Woche, den ich ab sofort nur mir selbst widme – für Entspannung, Freude oder Auftanken – ist ..."
(Zum Beispiel: Sonntagvormittag für einen Spaziergang, Dienstagabend für mein Lieblingsbuch, Freitagmittag für einen Kaffee in Ruhe.)

_____

_____

Trage diesen Termin in deinen Kalender ein – und behandle ihn so verbindlich wie ein wichtiges Meeting.

Motivierender Impuls:
Du bist nicht egoistisch, wenn du dir Zeit für dich nimmst. Du bist klug. Denn wer gut für sich sorgt, hat auch genug Kraft für alles andere.

Kapitel 10:
Finanzen beim Neuanfang –
Dein finanzieller Plan

Ein beruflicher Neuanfang ist ein aufregender Schritt, der jedoch auch finanzielle Herausforderungen mit sich bringen kann. Vielleicht hast du dich nach einer längeren Pause entschieden, wieder ins Berufsleben einzutreten, oder du wagst den Schritt in die Selbstständigkeit. Egal, aus welchem Grund du dich auf diese Reise begibst – eine solide finanzielle Planung ist entscheidend, um den Übergang so reibungslos wie möglich zu gestalten.

Ich erinnere mich noch gut an den Moment, als ich kurz vor der Umschulung stand. Während dieser Umschulung musste ich bereits mit wenig Geld auskommen, was mich von Anfang an unsicher machte, ob ich mit dem Geld überhaupt zurechtkommen würde. Die Unsicherheit über das Einkommen und die Frage, wie lange es dauern würde, bis ich wieder finanziell stabil war, beschäftigten mich sehr. Aber mit der richtigen Planung und einer realistischen Einschätzung konnte ich diese Ängste überwinden. In diesem Kapitel möchte ich dir helfen, deine Finanzen während deines beruflichen Neuanfangs zu strukturieren, realistische Ziele zu setzen und einen Plan zu entwickeln, der dir Sicherheit gibt.

1. Die Bedeutung einer soliden finanziellen Grundlage

Bevor du mit deinem Neuanfang richtig durchstartest, solltest du dich intensiv mit deinen Finanzen auseinandersetzen. Wie viel Geld benötigst du, um den Übergang zu schaffen? Welche laufenden Ausgaben hast du, und wie lange kannst du ohne ein regelmäßiges Einkommen auskommen? Eine der wichtigsten Fragen, die du dir stellen solltest, ist, wie du deine Lebenshaltungskosten während des Neuanfangs decken kannst.

Es ist auch wichtig, dir klar zu machen, dass ein beruflicher Neuanfang – insbesondere bei einem Karrierewechsel oder der Selbstständigkeit – oft nicht sofort zu einem hohen Einkommen führt. Auch wenn du das Ziel hast, schnell erfolgreich zu werden, ist es ratsam, sich auf eine Übergangszeit vorzubereiten, in der du dich finanziell absichern kannst.

Ich habe festgestellt, dass es sehr hilfreich war, ein genaues Budget zu erstellen und zu wissen, wie viel ich sparen musste, um die ersten Monate zu überbrücken. Mit der richtigen Planung fühlte ich mich viel sicherer und konnte mich auf meine berufliche Neuorientierung konzentrieren.

2. Rücklagen schaffen – Finanzielle Sicherheit für den Neuanfang

Ein beruflicher Neuanfang bringt oft finanzielle Unsicherheiten mit sich. Wenn du beispielsweise eine Umschulung machst oder dich für ein Online-Business entscheidest, musst du darauf vorbereitet sein, dass es zu Beginn weniger Einnahmen geben kann als gewohnt. Rücklagen sind daher ein wichtiger Bestandteil deiner Planung.

Je nachdem, welche Situation du durchmachst, solltest du versuchen, mindestens 3 bis 6 Monate Lebenshaltungskosten als Notgroschen zur Seite zu legen, bevor du deinen Neuanfang startest. Falls du aktuell keine Rücklagen hast, versuche, so schnell wie möglich einen Plan zu erstellen, wie du diese aufbauen kannst.

Ich hatte damals glücklicherweise noch genug Zeit, mir einen Puffer aufzubauen, der mir half, meine Umschulung zu finanzieren, ohne mich zu sehr um mein tägliches Leben sorgen zu müssen, und mir zusätzlich Sicherheit gab. Dadurch konnte ich mich ganz auf meine Umschulung konzentrieren, ohne ständig an die finanziellen Risiken denken zu müssen. Das gab mir den Raum, mich auf den Neuanfang zu fokussieren und die Herausforderungen des Übergangs mit mehr Gelassenheit anzugehen.

3. Zusätzliche Einkommensquellen – Geld verdienen während der Umstellung

Eine der besten Möglichkeiten, deinen finanziellen Druck während eines Neuanfangs zu verringern, ist, zusätzliche Einkommensquellen zu finden. Besonders am Anfang eines beruflichen Umstiegs oder einer Selbstständigkeit kannst du von einem zusätzlichen Einkommen profitieren, um deine finanzielle Situation zu stabilisieren.

Hier gibt es zahlreiche Möglichkeiten, wie du zusätzliches Geld verdienen kannst, ohne deinen Hauptjob sofort aufzugeben:

- **Freelancing oder Beratung:** Wenn du bereits Erfahrung in einem bestimmten Bereich hast, kannst du freiberuflich arbeiten oder Beratungsdienste anbieten. Plattformen wie z.B. Freelance.de oder Fiverr bieten zahlreiche Möglichkeiten für Menschen, die ihre Fähigkeiten online anbieten möchten.
- **Online-Kurse oder Workshops:** Wenn du in einem bestimmten Bereich Expertise hast, könntest du Online-Kurse oder Workshops anbieten. Das Erstellen und Verkaufen von digitalen Produkten oder Wissensinhalten ist eine der lukrativsten Einkommensquellen, wenn du im digitalen Raum tätig werden möchtest.
- **Teilzeit- oder Aushilfsjobs:** Falls du eine Umschulung machst oder eine neue Karriere beginnst, könnte ein Teilzeitjob helfen, die finanzielle Lücke zu überbrücken. Dies gibt dir die Flexibilität, dich weiterhin fortzubilden und auf deinen Neuanfang zu konzentrieren.

4. Steuern und Versicherungen – Den Überblick behalten

Ein wichtiger Aspekt deiner finanziellen Planung sind auch die Steuern und Versicherungen. Wenn du als Selbstständiger oder Freelancer arbeiten möchtest, musst du dich mit steuerlichen Aspekten wie der Umsatzsteuer, Einkommenssteuer und möglichen Betriebsausgaben vertraut machen. Auch Versicherungen wie die Krankenversicherung sind wichtig, insbesondere wenn du den Schritt in die Selbstständigkeit wagst.

Informiere dich frühzeitig darüber, wie sich dein Einkommen auf deine Steuererklärung auswirkt und welche Versicherungen du benötigst, um gut abgesichert zu sein. Oft kann es sinnvoll sein, einen Steuerberater oder Finanzexperten hinzuzuziehen, um sicherzustellen, dass du alle relevanten Aspekte berücksichtigst.

5. Finanzielle Ziele setzen – Planung für die Zukunft

Ein wichtiger Bestandteil der finanziellen Planung ist, langfristige Ziele zu setzen. Es ist wichtig, dass du nicht nur den kurzfristigen Neuanfang im Blick hast, sondern auch darüber nachdenkst, wie du dich in den kommenden Jahren finanziell absichern kannst. Möglicherweise möchtest du für die Rente sparen oder ein finanzielles Polster aufbauen, um langfristig unabhängig zu bleiben.

Ich habe mir damals langfristige finanzielle Ziele gesetzt, um sicherzustellen, dass ich auch nach dem ersten Neuanfang weiterhin auf der sicheren Seite bin. Diese Ziele halfen mir, auch in schwierigen Zeiten ruhig zu bleiben und nicht in Panik zu geraten.

Fazit: Deine Finanzen im Griff – Der Schlüssel zum erfolgreichen Neuanfang

Ein beruflicher Neuanfang kann aufregend und herausfordernd sein – und es gibt viele unbekannte Faktoren, die den Übergang erschweren können. Aber mit der richtigen finanziellen Planung und einem klaren Budget kannst du den Prozess viel sicherer und weniger stressig gestalten. Denke daran, dass eine solide finanzielle Grundlage dir den Raum gibt, dich auf deine neuen beruflichen Ziele zu konzentrieren, ohne ständig in Sorge um Geld zu sein.

Mit Rücklagen, einem klaren Budget und langfristigen Zielen bist du bestens gerüstet, um deinen Neuanfang nicht nur beruflich, sondern auch finanziell erfolgreich zu meistern.

Übung: Mein finanzieller Anker

Ein beruflicher Neuanfang bringt viele Veränderungen – und finanzielle Klarheit schafft dabei Sicherheit. Diese Übung hilft dir, einen ersten realistischen Überblick über deine finanzielle Basis zu gewinnen, damit du nicht in Sorgen versinkst, sondern mit einem klaren Plan weitermachen kannst.

Zeitaufwand: 15 Minuten
Ziel der Übung: Du benennst deinen aktuellen finanziellen Spielraum und definierst einen konkreten, machbaren nächsten Schritt für deine finanzielle Stabilität.

Deine Aufgabe:
Vervollständige diesen Satz so ehrlich und konkret wie möglich:

„Ein realistischer erster Schritt, den ich in den nächsten 7 Tagen machen kann, um meine finanzielle Basis für meinen Neuanfang zu stärken, ist ..."
(Zum Beispiel: meine monatlichen Fixkosten aufschreiben, ein erstes Budget erstellen, 50 € auf ein Rücklagenkonto überweisen oder mich über einen Minijob informieren.)

_____

_____

Schreib deinen ersten Schritt auf – und dann mach ihn. Denn Klarheit über deine Finanzen gibt dir Rückenwind für den Neuanfang.

Motivierender Impuls:
Finanzielle Sicherheit beginnt nicht mit großen Summen – sie beginnt mit einer Entscheidung. Du hast sie gerade getroffen.

Kapitel 11:
Der klassische Weg –
Wie du einen neuen Job im 'Offline'-Bereich findest

Ein beruflicher Neuanfang im klassischen, „offline" Bereich ist nach wie vor eine der häufigsten und bewährtesten Methoden, um in den Arbeitsmarkt zurückzukehren oder eine neue berufliche Richtung einzuschlagen. Ob du nach einer Auszeit, einer Kündigung oder nach Jahren der Familienzeit wieder in den Beruf einsteigst – der klassische Arbeitsweg hat viele Vorteile und bietet nach wie vor zahlreiche Möglichkeiten.

Vielleicht hast du das Gefühl, dass die Arbeitswelt heute nur noch digital und technologisch geprägt ist, aber ich möchte dir zeigen, dass es nach wie vor eine Vielzahl an Möglichkeiten gibt, durch traditionelle Bewerbungsmethoden und Netzwerkarbeit den Einstieg in den Job zu finden. Der Weg, sich direkt an Unternehmen zu wenden, vor Ort zu arbeiten und physische Netzwerke zu nutzen, kann genauso erfolgreich – wenn nicht sogar erfolgreicher – sein als digitale Kanäle.

In diesem Kapitel werde ich dir konkrete Schritte aufzeigen, wie du erfolgreich einen neuen Job im „Offline"-Bereich findest. Wir gehen durch die Recherchephase, den Bewerbungsprozess, Netzwerken und Vorstellungsgespräche – alles, was du benötigst, um deinen Weg in den klassischen Arbeitsmarkt zu finden.

1. Die Recherche – Den passenden Job finden
Bevor du dich in die Bewerbung stürzt, ist es wichtig, die richtigen Stellenangebote zu finden. Die Recherche ist der erste Schritt, um sicherzustellen, dass du dich auf die richtigen Möglichkeiten konzentrierst.

Du wirst feststellen, dass nicht alle Stellenangebote online zu finden sind. Viele Jobs, insbesondere in kleinen und mittelständischen Unternehmen, werden nicht über Jobportale veröffentlicht. Oft erfahren nur Menschen, die ein starkes Netzwerk haben oder gezielt nach offenen Stellen fragen, von diesen Möglichkeiten.

Hier sind einige Tipps, wie du die besten Jobangebote finden kannst:

- **Jobbörsen und Print-Anzeigen:** Neben den gängigen Online-Portalen wie z.B. Indeed oder StepStone gibt es immer noch viele Stellenanzeigen in traditionellen Medien wie Zeitungen oder Fachzeitschriften. Auch lokale Zeitungen haben oft Jobrubriken, in denen kleinere Unternehmen Stellenanzeigen schalten.
- **Firmenwebseiten direkt prüfen:** Wenn du ein bestimmtes Unternehmen im Blick hast, solltest du regelmäßig deren Karrierebereich auf der Webseite überprüfen. Auch wenn keine expliziten Stellen ausgeschrieben sind, kann es sich lohnen, eine Initiativbewerbung zu senden.
- **Berufsmessen und Jobbörsen:** Besuche lokale oder regionale Jobmessen, auf denen Unternehmen aktiv nach neuem Personal suchen. Dort hast du die Möglichkeit, direkt mit Personalverantwortlichen ins Gespräch zu kommen und dich vor Ort zu bewerben.
- **Netzwerken im persönlichen Umfeld:** Auch wenn du Online-Netzwerken wie LinkedIn nutzen kannst, ist das klassische Netzwerken vor Ort nicht zu unterschätzen. Treffen in Berufsverbänden, Vereinen oder lokale Veranstaltungen bieten dir eine hervorragende Möglichkeit, potenzielle Arbeitgeber und Geschäftspartner kennenzulernen.

2. Bewerbungen – Deine Unterlagen aufbereiten

Die Bewerbungsunterlagen sind deine Visitenkarte – und je mehr Mühe du in sie steckst, desto wahrscheinlicher ist es, dass du zu einem Vorstellungsgespräch eingeladen wirst. Besonders bei einem beruflichen Neuanfang ist es wichtig, dass deine Unterlagen professionell und aussagekräftig sind.

Im traditionellen Bewerbungsprozess werden neben dem Lebenslauf und dem Bewerbungsschreiben auch oft Referenzen und Zeugnisse verlangt. Diese sollten stets aktuell und vollständig sein. Falls du aufgrund einer längeren Auszeit oder einer Veränderung in deinem Berufsfeld keine aktuellen Arbeitszeugnisse hast, ist es ratsam, altbewährte Referenzen aus anderen Bereichen deines Lebens, wie ehrenamtlichen Tätigkeiten oder aus deinem privaten Umfeld, hinzuzufügen.

- **Der Lebenslauf:** Dein Lebenslauf sollte übersichtlich, klar strukturiert und auf die Stelle abgestimmt sein. Setze deinen beruflichen Werdegang in den Mittelpunkt, auch wenn du beruflich umgeschult oder den Beruf gewechselt hast. Zeige klar auf, wie deine Erfahrungen und Fähigkeiten mit den Anforderungen der Stelle übereinstimmen.
- **Das Bewerbungsschreiben:** In deinem Bewerbungsschreiben solltest du deutlich machen, warum du dich für das Unternehmen und die spezifische Position interessierst. Gehe darauf ein, was du zur Position beitragen kannst und warum du gerade dieser Job so gut zu deinem neuen beruflichen Weg passt.
- **Zeugnisse und Referenzen:** Auch wenn du gerade erst in eine neue Richtung gehst, kannst du durch andere Zertifikate oder Weiterbildungserfolge deine Kompetenz unter Beweis stellen.

Ich habe gemerkt, dass es besonders hilfreich war, in meinem Bewerbungsschreiben deutlich zu machen, wie meine Umstellung und Weiterentwicklung mich als „Erfahrene" bereichert haben und wie ich von meiner neuen Perspektive profitierte.

3. Netzwerken – Beziehungen aufbauen und nutzen

Im Offline-Bereich spielt Netzwerken eine große Rolle. Dein persönliches Netzwerk ist oft der Schlüssel, um an wertvolle Informationen über offene Stellen oder geheime Jobmöglichkeiten zu gelangen. Viele Unternehmen bevorzugen es, Personal intern oder über Empfehlungen zu rekrutieren.

Ein starkes Netzwerk hilft dir nicht nur dabei, den Einstieg in den Arbeitsmarkt zu finden, sondern auch langfristig in deinem neuen Job erfolgreich zu sein.

Hier sind einige Tipps, wie du im Offline-Bereich ein starkes berufliches Netzwerk aufbaust:

- **Nutze berufliche Veranstaltungen:** Besuche Konferenzen, Workshops oder Seminare, die zu deinem neuen Berufsfeld passen. Auch hier kannst du dich mit potenziellen Arbeitgebern, Kollegen und anderen Fachleuten vernetzen.
- **Erreiche ehemalige Kollegen und Bekannte:** Verstehe Networking nicht nur als eine Möglichkeit, neue Menschen kennenzulernen, sondern auch als eine Chance, bestehende Kontakte wiederzubeleben. Überlege, mit welchen Menschen du schon gearbeitet hast und wie du das Netzwerk wieder aktivieren kannst.
- **Tritt beruflichen Verbänden bei:** Fast jede Branche hat heute einen Berufsverband oder eine Vereinigung, die regelmäßige Treffen und Veranstaltungen organisiert. Dies ist eine großartige Gelegenheit, um nicht nur fachlich up-to-date zu bleiben, sondern auch berufliche Beziehungen zu pflegen.

Mehr zum Thema Netzwerken findest du in Kapitel 13.

4. Vorstellungsgespräche – Authentisch und selbstbewusst auftreten

Das Vorstellungsgespräch ist der Moment, in dem du alle vorherigen Bemühungen zusammenführst. Hier kommt es darauf an, authentisch und selbstbewusst aufzutreten. Insbesondere bei einem Neuanfang ist es wichtig, Selbstvertrauen zu zeigen und den Fokus auf deine Stärken und Erfahrungen zu legen.

Hier einige Tipps, um dich gut auf dein Vorstellungsgespräch vorzubereiten:

- **Erzähle deine Geschichte:** Nutze das Gespräch, um deine Reise und den Grund für deinen beruflichen Neuanfang zu erklären. Achte darauf, dass du deine Erfahrungen als wertvolle Grundlage für den neuen Job präsentierst. Auch wenn der Umstieg auf einen neuen Beruf eine Herausforderung war, ist es wichtig, die **positive Entwicklung** und das **Wachstum** hervorzuheben.
- **Bereite dich auf typische Fragen vor:** In Vorstellungsgesprächen kommen häufig Fragen wie „Warum möchten Sie diesen Job?" oder „Was sind Ihre Stärken und Schwächen?" vor. Überlege dir im Voraus, wie du diese Fragen authentisch beantworten kannst.
- **Fragen stellen:** Am Ende eines Vorstellungsgesprächs solltest du immer die Gelegenheit nutzen, eigene Fragen zu stellen. Damit zeigst du Interesse und Engagement. Zum Beispiel: „Wie würde mein Arbeitsalltag in dieser Position aussehen?" oder „Welche Entwicklungsmöglichkeiten bietet das Unternehmen?"

5. Den Einstieg meistern — Integration und langfristige Karriereplanung

Nachdem du den Job bekommen hast, beginnt ein weiterer wichtiger Schritt: die Integration in das Unternehmen und der langfristige Erfolg. Der erste Job ist entscheidend für deinen Neuanfang – aber auch die langfristige Karriereplanung spielt eine wichtige Rolle.

Wenn du neu im Job bist, ist es wichtig, von Anfang an eine gute Arbeitsbeziehung zu Kollegen und Vorgesetzten aufzubauen. Zeige deine Proaktivität, indem du dich in Projekte einbringst und Verantwortung übernimmst. Dies gibt dir nicht nur die Möglichkeit, dich zu beweisen, sondern stärkt auch deine Position im Unternehmen.

Fazit: Dein klassischer Neuanfang

Der klassische Weg im „Offline"-Bereich bietet nach wie vor viele Chancen, gerade für Menschen, die mit 50+ einen beruflichen Neuanfang wagen möchten. Durch gründliche Recherche, ein starkes Netzwerk, gezielte Bewerbungen und eine gute Vorbereitung auf Vorstellungsgespräche kannst du den Einstieg in den Jobmarkt erfolgreich meistern.

Setze dir klare Ziele und bleibe motiviert, auch wenn der Prozess manchmal langwierig erscheinen mag. Du hast die Erfahrung und das Wissen, das viele andere nicht haben. Nutze diese Stärken, um dich erfolgreich in den klassischen Arbeitsmarkt zu integrieren!

Übung: Mein nächster Schritt im klassischen Bewerbungsprozess

Der „klassische" Weg in den Job beginnt oft nicht mit einem Klick – sondern mit einer klaren, persönlichen Entscheidung. Diese Übung hilft dir, nicht in der Theorie stecken zu bleiben, sondern den nächsten konkreten Schritt zu definieren, der dich im Offline-Arbeitsmarkt weiterbringt.

Zeitaufwand: 10 Minuten
Ziel der Übung: Du formulierst eine machbare, greifbare Handlung, mit der du aktiv deine Jobsuche im klassischen Bereich voranbringst.

Deine Aufgabe:
Vervollständige diesen Satz mit deinen eigenen Worten:

„Mein nächster konkreter Schritt, um einen Job im klassischen Arbeitsmarkt zu finden, ist ..."
(Zum Beispiel: eine lokale Jobmesse besuchen, in einer Firma anrufen, eine Bewerbung per Post verschicken, einen alten Kollegen kontaktieren oder eine Anzeige in der Zeitung lesen.)

_____

_____

Notiere diesen Schritt verbindlich – und setze ihn innerhalb der nächsten 3 Tage um. Denn jeder Weg beginnt mit genau einem Schritt.

Motivierender Impuls:
Der klassische Weg braucht keine perfekten Unterlagen, sondern echte Initiative. Geh los – die Tür öffnet sich oft erst, wenn du anklopfst.

Kapitel 12:
Der Wiedereinstieg nach längerer Pause –
Wie du dich erfolgreich zurück ins Berufsleben bringst

Ein beruflicher Neuanfang nach einer längeren Auszeit ist eine der größten Herausforderungen, mit denen du dich auseinandersetzen musst. Ob du eine längere Auszeit für die Kindererziehung, die Pflege eines Angehörigen oder aus gesundheitlichen Gründen genommen hast, der Gedanke an den Wiedereinstieg kann überwältigend wirken. Aber ich möchte dir sagen: Es ist nie zu spät, zurückzukehren – und oft ist es ein Übergang, der dich persönlich und beruflich bereichern kann.

Ich selbst habe diesen Weg durchlebt, als ich nach meiner Umschulung auf Jobsuche war. Die Unsicherheit darüber, ob ich überhaupt wieder einen Job finden würde, der zu meinen Erfahrungen und Fähigkeiten passte, war groß. Aber mit einem klaren Plan, einer positiven Einstellung und der Bereitschaft, dazuzulernen, habe ich es geschafft, mich erfolgreich wieder im Berufsleben zu integrieren.

In diesem Kapitel möchte ich dir zeigen, wie du den Wiedereinstieg ins Berufsleben nach einer längeren Auszeit erfolgreich gestalten kannst. Es geht darum, Selbstvertrauen aufzubauen, deine Fähigkeiten aufzufrischen, das richtige Mindset zu entwickeln und praktische Schritte zu unternehmen, um wieder ins Arbeitsleben zurückzukehren.

1. Akzeptiere die Unsicherheit und baue Selbstvertrauen auf
Der erste Schritt zum Wiedereinstieg ist oft der schwerste: Die Akzeptanz der Unsicherheit. Du wirst nicht alles sofort wissen, und du wirst nicht alle Antworten haben. Doch das ist vollkommen in Ordnung. Die wichtigste

Erkenntnis auf diesem Weg ist, dass du nicht perfekt sein musst. Selbstzweifel sind normal, aber sie dürfen dich nicht zurückhalten.

Wenn ich auf meine eigenen Erfahrungen zurückblicke, dann erinnere ich mich an die vielen Momente, in denen ich mich unsicher fühlte. Ich fragte mich, ob ich wirklich die richtige Entscheidung getroffen hatte, in einen neuen Beruf einzutauchen. Aber ich habe gelernt, dass die Unsicherheit nur ein Zeichen dafür ist, dass du dich in unbekanntes Terrain begibst – und genau dort liegt die Chance für persönliches Wachstum.

Akzeptiere, dass der Wiedereinstieg nach einer längeren Pause eine Lernkurve mit sich bringen wird. Nutze diese Zeit, um dich selbst neu zu entdecken und zu erkennen, welche Stärken du in den letzten Jahren entwickelt hast. Deine Erfahrungen – sowohl im Beruf als auch im Leben – sind wertvoll und können dir helfen, dich von anderen Bewerbern abzuheben.

2. Deine Fähigkeiten auffrischen – Weiterbildung und Anpassung an den Arbeitsmarkt

Die Welt hat sich verändert, und auch du musst dich den neuen Anforderungen stellen. Besonders nach einer längeren Pause wirst du feststellen, dass sich der Arbeitsmarkt weiterentwickelt hat. Technologische Veränderungen, neue Arbeitsmethoden und veränderte Anforderungen an Mitarbeiter sind nur einige Aspekte, mit denen du dich vertraut machen solltest.

Ein wichtiger Schritt ist es, deine Fähigkeiten aufzufrischen. Auch wenn du in der Vergangenheit bereits über umfangreiche berufliche Qualifikationen verfügst, können neue Tools, Programme oder Prozesse für den Job notwendig sein. Doch das ist kein Grund zur Sorge. Es gibt heutzutage zahlreiche Weiterbildungsmöglichkeiten, die dir helfen können, dich wieder auf den neuesten Stand zu bringen. Die gute Nachricht ist: Viele dieser Möglichkeiten sind flexibel und speziell auf berufliche Wiedereinsteiger ausgerichtet.

Du kannst Kurse und Schulungen in Bereichen belegen, die für deinen Job relevant sind – vom Auffrischen von Computer-Kenntnissen über Kommunikations- und Teamarbeitstechniken bis hin zu branchenspezifischen Weiterbildungen.

Ein weiterer wichtiger Punkt ist, sich über neue Entwicklungen in deiner Branche zu informieren. Auch wenn du vielleicht das Gefühl hast, dass du den Anschluss verpasst hast, gibt es immer die Möglichkeit, sich schnell wieder einzuarbeiten. Und oft wirst du feststellen, dass die Grundlagen noch immer die gleichen sind – es geht nur darum, sie an die aktuellen Anforderungen anzupassen.

3. Der richtige Einstieg – Praktika und Teilzeitstellen

Wenn der Wiedereinstieg in den Arbeitsmarkt etwas einschüchternd wirkt, kann es hilfreich sein, mit einem Praktikum oder einer Teilzeitstelle zu beginnen. Diese Möglichkeiten bieten dir die Chance, praktische Erfahrung zu sammeln, ohne die vollständige Verantwortung eines Vollzeitjobs übernehmen zu müssen.

Ein Praktikum ist nicht nur eine Möglichkeit, dein Wissen und deine Fähigkeiten wieder aufzufrischen, sondern es bietet dir auch die Gelegenheit, dich wieder an den Arbeitsalltag und an das Arbeitsumfeld zu gewöhnen. In vielen Fällen kann ein Praktikum später zu einer festen Anstellung führen – besonders, wenn du es richtig nutzt, um zu zeigen, was du kannst und wie wertvoll du für das Unternehmen bist.

Teilzeitstellen sind ebenfalls eine großartige Option für den Wiedereinstieg. Sie geben dir die Flexibilität, dich langsam wieder an den Jobmarkt anzupassen, während du gleichzeitig finanzielle Sicherheit gewinnst. Du kannst dir so Stück für Stück die nötige Erfahrung aufbauen, ohne gleich den ganzen Druck eines Vollzeitjobs zu spüren.

4. Dein Netzwerk aktivieren – Beziehungen pflegen und neue Kontakte knüpfen

Auch beim Wiedereinstieg spielt das Netzwerk eine entscheidende Rolle. Viele Stellen werden nicht mehr auf öffentlichen Jobportalen ausgeschrieben, sondern über Empfehlungen oder interne Netzwerke vergeben. Daher ist es von großer Bedeutung, dass du dein bestehendes Netzwerk aktivierst und pflegst.

Nutze deine alten Kontakte – ehemalige Kollegen, Vorgesetzte oder Geschäftspartner – und melde dich bei ihnen. Oftmals können diese Kontakte wertvolle Informationen und vielleicht sogar berufliche Chancen bieten. Du kannst auch gezielt bei verschiedenen Netzwerktreffen, Branchenevents oder Alumni-Treffen teilnehmen, um neue Kontakte zu knüpfen und deine Chancen zu erhöhen.

Das Wichtigste beim Netzwerken ist es, authentisch zu bleiben und nicht nur um einen Job zu bitten, sondern Interesse an den anderen Menschen zu zeigen. Ein starkes berufliches Netzwerk basiert auf gegenseitiger Unterstützung und Vertrauen.

Mehr zum Thema Netzwerken findest du in Kapitel 13.

5. Die richtige Einstellung – Geduld und Ausdauer auf dem Weg zum Ziel

Der Wiedereinstieg in den Arbeitsmarkt ist selten ein schneller Prozess. Geduld und Ausdauer sind gefragt. Die ersten Monate werden wahrscheinlich mit Rückschlägen und Unsicherheiten verbunden sein, aber das ist normal. Bleibe geduldig mit dir selbst und gib nicht auf, nur weil es nicht sofort nach Plan läuft.

Denke daran, dass du mit jeder Bewerbung, jedem Gespräch und jedem Schritt, den du machst, deinem Ziel näherkommst. Deine Erfahrungen und deine Bereitschaft, Neues zu lernen, sind wertvolle Ressourcen, die dir langfristig zugutekommen werden.

Fazit: Dein erfolgreicher Wiedereinstieg

Der Wiedereinstieg nach einer längeren beruflichen Pause ist definitiv eine Herausforderung, aber er ist auch eine riesige Chance, sich neu zu erfinden und beruflich zu wachsen. Mit der richtigen Vorbereitung, Geduld und einer positiven Einstellung kannst du diesen Übergang erfolgreich meistern und mit neuer Energie und Motivation in den Jobmarkt zurückkehren.

Vertraue auf deine Stärken, nutze die vorhandenen Ressourcen und geh Schritt für Schritt vor, um dich wieder voll in das Berufsleben einzubringen. Du hast alles, was du brauchst – es ist nur eine Frage des Mutes und der richtigen Planung.

Übung: Mein Wiedereinstiegs-Moment

Ein Neuanfang beginnt nicht mit Perfektion – sondern mit einem klaren, kleinen Schritt. Diese Übung hilft dir, dein Selbstvertrauen zu stärken, indem du dir bewusst machst, was du heute schon tun kannst, um deinen Wiedereinstieg konkret anzugehen.

Zeitaufwand: 10 Minuten
Ziel der Übung: Du formulierst eine erste, machbare Handlung, mit der du deinen Wiedereinstieg aktiv und mutig einleitest.

Deine Aufgabe:
Vervollständige diesen Satz mit deinen eigenen Worten:

„Ein konkreter Schritt, den ich in den nächsten 3 Tagen machen werde, um meinem beruflichen Wiedereinstieg näherzukommen, ist ...“
(Zum Beispiel: einen Weiterbildungs-Kurs recherchieren, meine Unterlagen aktualisieren, eine alte Kollegin anrufen oder eine Stellenanzeige lesen.)

_____

_____

Schreib diesen Schritt auf – und setze ihn um. Egal wie klein er scheint: Er ist dein Anfang.

Motivierender Impuls:
Du musst nicht alles wissen, um loszugehen – du musst nur anfangen. Der Mut zum ersten Schritt gibt oft schon die Richtung vor.

Kapitel 13:
Netzwerken –
Kontakte knüpfen und Beziehungen aufbauen

Nun kommen wir zum Thema Netzwerken – ein Punkt, den ich bereits in einigen Kapiteln angesprochen habe.

Vielleicht denkst du jetzt: „Netzwerken? Das ist doch nichts für mich." Vielleicht siehst du dich selbst eher als Einzelkämpfer, der keine Zeit hat, sich um berufliche Netzwerke zu kümmern. Doch lass mich dir eines sagen: Netzwerken ist nicht nur für Extrovertierte oder für die, die schon „alles richtig machen" – es ist für uns alle. Und vor allem für uns, die in späteren Jahren einen beruflichen Neuanfang wagen. Kontakte können dir Türen öffnen, neue Chancen aufzeigen und dich in die richtige Richtung lenken.

Ich habe selbst erfahren, wie wertvoll Netzwerke sind. Zu Beginn meiner Umschulung und in den ersten Monaten nach meinem Neuanfang war ich sehr fokussiert auf meine eigenen Aufgaben und wollte „es alleine schaffen". Aber mit der Zeit merkte ich, dass die Unterstützung durch andere, sei es durch Ratschläge, neue Perspektiven oder einfach durch den Austausch von Erfahrungen, mir enorm half. Das richtige Netzwerk kann dir in vielerlei Hinsicht den Weg erleichtern.

In diesem Kapitel möchte ich dir zeigen, wie du Netzwerken als eine wertvolle Ressource nutzen kannst – ohne dass es sich wie eine unangenehme Pflicht anfühlt. Denn Netzwerken muss nicht anstrengend sein. Es kann genauso gut eine Möglichkeit sein, authentische, wertvolle Beziehungen aufzubauen, die dich unterstützen, inspirieren und dir helfen, deine beruflichen Ziele zu erreichen.

1. Warum Netzwerken so wichtig ist

„Ich weiß, was ich kann, warum sollte ich netzwerken?" – eine berechtigte Frage. Die Antwort darauf ist einfach: Weil Beziehungen ein wesentlicher Bestandteil des beruflichen Erfolgs sind.

Egal, in welchem Bereich du arbeitest oder welchen beruflichen Neuanfang du wagst, ein starkes Netzwerk kann dir Türen öffnen. Menschen, die du kennst, können dir mit Rat und Tat zur Seite stehen, dir helfen, neue Möglichkeiten zu entdecken oder dich sogar weiterempfehlen, wenn sich eine Gelegenheit ergibt. Oft sind es nicht nur die großen Netzwerke, sondern die kleinen, authentischen Verbindungen, die den entscheidenden Unterschied ausmachen.

Als ich nach meiner Umschulung auf Jobsuche war, habe ich den Wert des Netzwerks schnell erkannt. Ein Bekannter, den ich durch diese Umschulung kennengelernt hatte, informierte mich über eine offene Stelle. Ohne ihn wäre ich nie auf diese Gelegenheit gestoßen. Diese Art von Unterstützung ist es, die den Unterschied macht – und genau das kannst auch du für dich nutzen.

2. Wie du das Netzwerken angehst

Vielleicht hast du das Gefühl, dass Netzwerken immer in großen, formellen Events oder über endlose Online-Plattformen stattfinden muss. Das ist nicht der Fall. Du musst nicht an jeder Veranstaltung teilnehmen oder jedes Event besuchen, um ein gutes Netzwerk aufzubauen. Es geht nicht darum, mit allen zu sprechen, sondern darum, echte und langfristige Beziehungen zu entwickeln.

Hier sind ein paar einfache, aber effektive Möglichkeiten, wie du dein Netzwerk aufbauen kannst:

- **Nutze Online-Plattformen wie LinkedIn:** Auch wenn es anfangs ungewohnt erscheinen mag, auf LinkedIn aktiv zu sein, ist es eine der einfachsten und effektivsten Methoden, um Kontakte zu knüpfen. LinkedIn ermöglicht es dir, dich mit Menschen in deiner Branche oder in verwandten Bereichen zu verbinden, ohne dass du direkt vor Ort sein musst. Du kannst interessante Artikel teilen, dich an Diskussionen beteiligen oder einfach deine Erfahrungen und Erkenntnisse posten.

- **Setze auf persönliche Treffen:** Auch wenn du keine großen Netzwerk-Veranstaltungen besuchen möchtest, sind kleinere Treffen oder informelle Gespräche eine großartige Möglichkeit, Beziehungen aufzubauen. Ein simples Gespräch bei einem Kurs oder eine Einladung zu einem Kaffee können schon Türen öffnen.

- **Halte Kontakt zu alten Bekannten:** Es muss nicht immer jemand völlig Neues sein, der dir weiterhilft. Manchmal ist es auch hilfreich, den Kontakt zu ehemaligen Kollegen, Freunden oder Bekannten aufrechtzuerhalten. Ein nettes „Hallo" auf Facebook oder LinkedIn kann eine Basis schaffen, um ein tieferes Gespräch zu führen oder neue berufliche Chancen zu entdecken.

3. Authentisch bleiben — Wie du echte Verbindungen aufbaust

Beim Netzwerken geht es nicht um das bloße Sammeln von Visitenkarten oder Kontakten. Es geht darum, authentische Beziehungen aufzubauen, die für beide Seiten wertvoll sind. Menschen merken schnell, wenn jemand nur an einem „Profit" interessiert ist. Wenn du wirklich an den anderen interessiert bist und ihre Erfahrungen und Perspektiven schätzt, wirst du tiefergehende und nachhaltigere Verbindungen aufbauen.

Ich habe festgestellt, dass das Netzwerken dann am meisten Freude macht, wenn man es nicht als Pflicht ansieht, sondern als Chance, sich mit anderen auszutauschen und gemeinsam zu lernen. Du musst nicht ständig den „richtigen Job" suchen oder nach einer direkten Empfehlung fragen. Manchmal genügt es, sich für das zu interessieren, was der andere zu sagen hat, und dann von dort aus weiterzugehen.

4. Hilfe suchen und anbieten — Warum Geben genauso wichtig ist wie Nehmen

Netzwerken ist eine wechselseitige Beziehung. Es geht nicht nur darum, was du von anderen bekommen kannst, sondern auch darum, wie du selbst hilfst und wertvolle Unterstützung gibst. Du wirst feststellen, dass du viel mehr zurückbekommst, wenn du anderen hilfst, als wenn du nur darauf wartest, dass dir geholfen wird.

Ich habe im Laufe meiner beruflichen Neuanfänge immer wieder festgestellt, wie wichtig es war, auch anderen etwas zu bieten. Das kann ein guter Rat, eine Empfehlung oder einfach eine Verbindung zu jemandem sein, den du kennst. Je mehr du gibst, desto mehr wirst du auch selbst erhalten.

5. Wie du dein Netzwerk langfristig pflegst

Das Netzwerk aufzubauen ist der erste Schritt – aber es ist ebenso wichtig, es langfristig zu pflegen. Beziehungen brauchen Zeit und Aufmerksamkeit. Wenn du merkst, dass ein Kontakt für eine Weile nicht mehr aktiv war, dann melde dich einfach mal wieder. Manchmal genügt eine Nachricht à la „Wie geht's?" oder „Ich habe gerade an dich gedacht, weil...". Diese kleinen Gesten helfen, Beziehungen lebendig zu halten.

Auch wenn du nach einem Jahr keine unmittelbare Hilfe benötigst, kannst du dein Netzwerk regelmäßig pflegen, indem du den Kontakt aufrechterhältst, an gemeinsamen Interessen arbeitest oder einfach mal nach dem Wohlbefinden der anderen fragst. So baust du Vertrauen auf und bleibst in Erinnerung, wenn sich eine Gelegenheit ergibt.

Fazit: Netzwerken als Schlüssel zum Neuanfang

Netzwerken ist eine der mächtigsten Ressourcen, die dir beim beruflichen Neuanfang zur Verfügung steht. Es geht nicht um das schnelle Sammeln von Kontakten, sondern um das Aufbauen echter, wertvoller Beziehungen. Wenn du lernst, authentisch zu netzwerken, wirst du feststellen, wie viele Türen sich öffnen – und nicht nur beruflich, sondern auch persönlich.

Verstehe Netzwerken als eine Möglichkeit, mit anderen zu wachsen und von ihren Erfahrungen zu profitieren. Du wirst sehen, wie viel einfacher dein Neuanfang wird, wenn du die Unterstützung und Inspiration von Menschen in deinem Umfeld bekommst.

Übung: Ein Kontakt, ein Schritt

Netzwerken beginnt nicht mit vielen Kontakten – sondern mit einer einzigen Verbindung, die du bewusst pflegst. Diese Übung hilft dir, dich ganz ohne Druck auf eine Person zu konzentrieren, mit der du dich vernetzen oder wieder in Kontakt treten möchtest. Denn oft liegt die nächste Chance schon in deinem Umfeld.

Zeitaufwand: 10 Minuten
Ziel der Übung: Du wählst eine konkrete Person aus deinem Umfeld, zu der du beruflich oder menschlich wieder Kontakt aufnehmen möchtest – und planst, wie du diesen Schritt gehst.

Deine Aufgabe:
Vervollständige die beiden Sätze mit deinen eigenen Worten:

„Eine Person, mit der ich in den nächsten 7 Tagen wieder oder erstmals beruflich in Kontakt treten möchte, ist …"
(Zum Beispiel: eine ehemalige Kollegin, ein Bekannter aus einem Kurs, jemand aus deinem Verein oder ein neuer Kontakt auf LinkedIn.)

_____

_____

„Ich werde den ersten Schritt machen, indem ich …"
(z. B. eine kurze Nachricht schreibe, anrufe oder ein Treffen vorschlage.)

_____

_____

Schreib es auf – und tu es. Es braucht nur eine echte Verbindung, um Neues in Bewegung zu setzen.

Motivierender Impuls:
Dein Netzwerk beginnt nicht im Außen – es beginnt mit deinem Mut, dich zu zeigen. Du bist nur eine ehrliche Nachricht entfernt von einer neuen Möglichkeit.

Kapitel 14:
Online-Welt erobern –
So findest du deinen Platz im digitalen Zeitalter

Die digitale Welt ist heute nicht nur ein „Nice-to-have", sie ist ein Must-have – insbesondere für alle, die einen beruflichen Neuanfang wagen möchten. Die Arbeitswelt hat sich verändert, und viele der Berufe, die heute gefragt sind, basieren auf digitalen Fähigkeiten. Wer hier den Anschluss verliert, riskiert, in einer veralteten Arbeitswelt zurückzubleiben. Aber keine Sorge – das bedeutet nicht, dass du von vornherein benachteiligt bist, nur weil du später im Leben in die digitale Welt eintauchst.

Ganz im Gegenteil, es gibt heute so viele Möglichkeiten, sich die nötigen digitalen Fähigkeiten anzueignen und in der Online-Welt Fuß zu fassen. Als ich mit 54 Jahren meine Weiterbildung zur Appointment-Setterin begann, war ich alles andere als ein Digital Native. Doch was ich schnell feststellte: Wenn du die richtige Einstellung und die Bereitschaft mitbringst, Neues zu lernen, kannst du dich in der digitalen Welt genauso gut zurechtfinden wie jede jüngere Generation.

In diesem Kapitel möchte ich dir zeigen, wie du den digitalen Raum für dich eroberst, digitale Tools und Ressourcen nutzt und dich erfolgreich in der Online-Welt positionierst. Ob du nun ein Online-Business starten oder einfach deine digitalen Fähigkeiten für deinen neuen Job verbessern möchtest – die digitale Welt bietet dir zahlreiche Chancen, wenn du den richtigen Weg findest.

1. Die digitale Welt verstehen – Warum es nie zu spät ist, einzutauchen

Die Vorstellung, dass die digitale Welt nur für junge Menschen oder Technik-affine geeignet ist, gehört längst der Vergangenheit an. Immer mehr

Menschen 50+ finden sich in der digitalen Arbeitswelt zurecht und nutzen das Internet, um neue berufliche Möglichkeiten zu entdecken. Die Wahrheit ist: Es gibt keine Altersgrenze für digitale Fähigkeiten.

Vielleicht denkst du, du bist zu alt, um dich mit neuen Technologien auseinanderzusetzen. Aber ich kann dir sagen: Wenn du einmal die grundlegenden digitalen Tools und Strategien kennst, wirst du erstaunt sein, wie viel einfacher es ist, deinen Platz in der digitalen Welt zu finden. Die Technologie ist da, um uns zu unterstützen, nicht, um uns auszuschließen.

Ich erinnere mich an den Moment, als ich zum ersten Mal mit einer Video-Konferenzsoftware arbeiten musste. Am Anfang war ich unsicher und fühlte mich unwohl. Aber dann merkte ich, dass ich Schritt für Schritt neue Dinge lernte – und heute nutze ich diese Tools täglich, um mit meinem Netzwerk zu kommunizieren und in meinem Online-Business erfolgreich zu sein.

2. Die wichtigsten digitalen Tools für deinen Neuanfang

Egal, ob du ein Online-Business starten oder einfach deine Karriere mit digitalen Fähigkeiten verbessern möchtest – es gibt eine Reihe von Tools, die du beherrschen solltest, um wettbewerbsfähig zu bleiben. Diese Tools helfen dir nicht nur, deine Arbeit effizienter zu gestalten, sondern ermöglichen dir auch, neue Möglichkeiten im Online-Bereich zu erschließen.

Ein paar Tools, die dir beim Einstieg in die digitale Arbeitswelt helfen können:

- **E-Mail-Programme:** Die meisten Unternehmen und Geschäftsbeziehungen laufen über E-Mail. Programme wie Gmail oder Outlook sind Grundlagen, die jeder beherrschen sollte.
- **Cloud-basierte Dokumentenverwaltung:** Tools wie Google Drive oder Dropbox ermöglichen es dir, Dokumente und Dateien online zu speichern und mit anderen zu teilen. Es ist wichtig, damit vertraut zu sein, da immer mehr Unternehmen auf Cloud-Technologien setzen.
- **Social Media:** Plattformen wie LinkedIn, Facebook oder Instagram sind nicht nur wichtig für die Kommunikation, sondern auch für die berufliche Positionierung und das Networking. Du musst nicht in allen

sozialen Medien aktiv sein, aber es ist hilfreich, zu wissen, wie du dich dort präsentieren kannst.

- **Online-Marketing-Tools:** Wenn du ein Online-Business starten möchtest, sind Tools wie Canva für Grafiken, MailChimp für E-Mail-Marketing oder Google Analytics für die Analyse deiner Website-Besucher hilfreich. Du musst diese Tools nicht von A bis Z beherrschen, aber ein grundlegendes Verständnis könnte hilfreich sein.
- **Projektmanagement-Tools:** Tools wie Trello oder Asana helfen dir, deine Aufgaben zu organisieren und die Kontrolle über Projekte zu behalten – eine wichtige Fähigkeit, wenn du selbstständig oder in einem Remote-Team arbeitest.

Natürlich sind die genannten Tools nur Beispiele – welche davon letztlich hilfreich sind, hängt vom jeweiligen Unternehmen oder der Art deines Online-Business ab.

3. Deine Online-Präsenz aufbauen – Sichtbarkeit schaffen

In der digitalen Welt ist es nicht nur wichtig, technische Fähigkeiten zu haben, sondern auch eine Online-Präsenz aufzubauen. Das bedeutet, dass du sichtbar bist – nicht nur in deinem persönlichen Netzwerk, sondern auch für potenzielle Arbeitgeber oder Kunden. Eine gute Online-Präsenz kann dir helfen, berufliche Chancen zu erkennen, dich von anderen abzuheben und deine Expertise zu zeigen.

Ich habe früh erkannt, dass es für meinen beruflichen Neuanfang entscheidend war, nicht nur durch meinen Lebenslauf sichtbar zu sein, sondern auch online Präsenz zu zeigen. LinkedIn war das erste Netzwerk, in dem ich mich stärker einbrachte, aber auch ein eigener Blog oder eine einfache Webseite kann dir helfen, deine Expertise zu positionieren.

Hier sind ein paar Tipps, um deine Online-Präsenz zu stärken:

- **Erstelle ein LinkedIn-Profil:** LinkedIn ist die führende berufliche Netzwerkplattform, und ein gut gepflegtes Profil kann dir dabei helfen, von potenziellen Arbeitgebern oder Geschäftspartnern gefunden zu werden. Es ist wichtig, regelmäßig Beiträge zu teilen, sich mit anderen zu vernetzen und deine Fähigkeiten und Erfahrungen zu präsentieren.

- **Starte einen Blog oder eine Webseite:** Wenn du eine eigene Marke oder ein Online-Business aufbauen möchtest, ist eine Webseite unerlässlich. Du kannst deine Projekte, Erfahrungen oder auch Gedanken zu bestimmten Themen teilen. Es gibt viele einfache Tools wie WordPress oder Wix, mit denen du in kürzester Zeit eine professionelle Webseite erstellen kannst.
- **Social Media nutzen:** Social Media kann dir helfen, dich mit deiner Zielgruppe zu verbinden. Ob Facebook oder Instagram – je nach Berufsfeld kannst du auf den passenden Kanälen aktiv werden. Wichtig ist, authentisch und professionell zu bleiben und regelmäßig Inhalte zu teilen, die deine Expertise widerspiegeln.

4. Online-Business starten – Die ersten Schritte

Vielleicht hast du schon darüber nachgedacht, ein eigenes Online-Business zu starten. Auch hier ist es nie zu spät, den ersten Schritt zu machen. Die Möglichkeiten sind vielfältig: Du kannst ein Online-Business aufbauen, das mit deinen Fähigkeiten und Interessen übereinstimmt, sei es Coaching, digitale Produkte, Dienstleistungen oder E-Commerce.

Ich habe mit 54 Jahren den Schritt gewagt, ein Online-Business zu starten, und es war eine der besten Entscheidungen meines Lebens. Zuerst war ich unsicher, ob ich wirklich etwas bieten kann, aber nach und nach lernte ich, welche Schritte notwendig sind, um ein erfolgreiches Online-Business aufzubauen. Der Schlüssel liegt darin, klein anzufangen, geduldig zu sein und kontinuierlich zu lernen.

Ein paar erste Schritte, um ein Online-Business zu starten:

- **Definiere deine Nische:** Überlege, welche Probleme du lösen kannst oder welche Bedürfnisse du befriedigen möchtest. Je genauer du deine Zielgruppe kennst, desto leichter fällt es dir, das richtige Produkt oder die richtige Dienstleistung anzubieten.
- **Erstelle deine erste Webseite:** Deine Webseite ist die Grundlage für dein Online-Business. Es muss nicht sofort ein riesiges Projekt sein.

Du kannst mit einer einfachen Landingpage beginnen, die deine Dienstleistungen oder Produkte vorstellt.

- **Baue deine Online-Marketing-Strategie auf:** Social Media, Content-Marketing und E-Mail-Marketing sind wichtige Werkzeuge, um deine Zielgruppe zu erreichen und langfristig zu binden.

Fazit: Die digitale Welt ist deine Chance

Die digitale Welt bietet dir unglaubliche Möglichkeiten, deinen beruflichen Neuanfang zu gestalten. Egal, ob du deine beruflichen Fähigkeiten erweitern möchtest, ein Online-Business starten willst oder einfach digitale Tools erlernen möchtest – die Welt steht dir offen. Du kannst dich jederzeit in die digitale Welt stürzen, neue Fähigkeiten erwerben und deinen Platz im digitalen Zeitalter finden.

Lass dich nicht von Ängsten oder Zweifeln abhalten. Mit der richtigen Einstellung, dem Willen zu lernen und den passenden Tools kannst du in der digitalen Welt genauso erfolgreich sein wie jede andere Generation.

Übung: Mein erster Schritt in die digitale Welt

Die digitale Welt wirkt manchmal groß und unüberschaubar – aber du musst sie nicht auf einmal erobern. Es reicht, wenn du einen ersten Schritt gehst. Diese Übung hilft dir, gezielt ein digitales Thema auszuwählen, das du erkunden möchtest – mit Neugier statt Druck.

Zeitaufwand: 10–15 Minuten
Ziel der Übung: Du wählst ein digitales Tool oder Thema, das du in den nächsten Tagen kennenlernen möchtest – und formulierst deinen konkreten Lernschritt dazu.

Deine Aufgabe:
Vervollständige diesen beiden Sätze mit deinen eigenen Worten:

„Ein digitales Tool oder Thema, das ich mir in dieser Woche anschauen und ausprobieren möchte, ist ..."
(Zum Beispiel: LinkedIn nutzen, Google Drive ausprobieren, Canva testen, eine Videokonferenz starten, einen Online-Kurs suchen.)

_____

_____

„Mein erster kleiner Schritt dazu wird sein ..."
(z. B. ein Tutorial anschauen, ein Konto anlegen, jemanden um Hilfe bitten oder ein konkretes Video auf YouTube suchen.)

_____

_____

Schreib beides auf – und starte. Du musst nicht alles können. Du musst nur bereit sein, es zu wollen.

Motivierender Impuls:
Die digitale Welt belohnt nicht die, die alles wissen – sondern die, die sich trauen anzufangen. Du bist bereit. Jetzt ist dein Moment.

Kapitel 15:
Bonuskapitel –
Dein Weg zum eigenen Online-Business

Die Vorstellung, ein eigenes Online-Business zu starten, kann überwältigend sein, besonders wenn du zum ersten Mal in die Welt der Selbstständigkeit eintauchst. Aber weißt du was? Es ist nie zu spät, diesen Schritt zu wagen. Der digitale Markt bietet eine unglaubliche Vielzahl von Möglichkeiten, die du für deinen beruflichen Neuanfang nutzen kannst.

Als ich mit 54 Jahren mein Online-Business startete, war ich anfangs genauso unsicher wie du vielleicht jetzt. Die Gedanken über die Technik, das Marketing und die Unsicherheit über den Erfolg schwirrten mir im Kopf herum. Aber mit der richtigen Strategie und einer klaren Vision konnte ich die Hürden überwinden. Heute bin ich überzeugt, dass auch du mit den richtigen Ideen und Schritten erfolgreich in die Welt des Online-Business starten kannst.

In diesem Bonuskapitel möchte ich dir zeigen, welche Geschäftsideen du mit 50+ erfolgreich umsetzen kannst. Ich gebe dir konkrete Step-by-Step-Anleitungen und praktische Tipps, die dir helfen, den ersten Schritt in Richtung deines eigenen Online-Business zu gehen.

1. Deine erste Geschäftsidee – Welche Nische passt zu dir?
Der erste Schritt beim Start eines Online-Business ist die Wahl der richtigen Nische. Du solltest dich auf ein Thema konzentrieren, das nicht nur nachgefragt wird, sondern auch zu deinen Interessen und Fähigkeiten passt. Wenn du zum Beispiel viel Erfahrung in einem bestimmten Bereich hast oder eine Leidenschaft für etwas mitbringst, könnte dies die Grundlage für dein Business sein.

Überlege dir, in welchem Bereich du am meisten beitragen kannst. Vielleicht bist du ein Experte auf deinem Gebiet, sei es in einem Fachbereich, in der Lebensberatung oder in kreativen Tätigkeiten. Die Wahl einer Nische hilft dir nicht nur dabei, dich von der Konkurrenz abzuheben, sondern stellt auch sicher, dass du mit deinem Business auf die Bedürfnisse und Wünsche einer spezifischen Zielgruppe eingehst.

Ein paar Ideen für mögliche Nischen, die gut zu einem 50+ Neuanfang passen könnten:

- **Coaching und Beratung**: Wenn du viele Jahre Berufserfahrung in einem bestimmten Bereich gesammelt hast, könntest du diese Expertise an andere weitergeben. Du könntest Coach für Karrieren, Lebensplanung, Gesundheit oder Online-Marketing werden.
- **Online-Kurse und Workshops**: Hast du eine Leidenschaft oder Expertise in einem bestimmten Bereich? Dann könntest du eigene Kurse oder Workshops anbieten. Heute gibt es viele Plattformen, auf denen du Kurse erstellen und verkaufen kannst (z. B. Ablefy, Teachable, oder Skillshare).
- **Bloggen und Content Creation**: Wenn du gerne schreibst oder Inhalte erstellst, könntest du einen Blog oder YouTube-Kanal starten. Die Monetarisierung durch Werbung, Affiliate-Links oder gesponserte Beiträge kann dir ein stabiles Einkommen bringen.
- **Handgemachte Produkte oder Kunst**: Wenn du ein kreatives Talent hast, kannst du deine Kunst oder handgemachten Produkte auf Plattformen wie Etsy verkaufen. Dies könnte von Schmuck über Kunstwerke bis hin zu selbstgemachten Dekorationsartikeln reichen.
- **E-Commerce**: Du könntest Produkte online verkaufen, entweder durch Dropshipping oder durch den Verkauf von eigenen Produkten. Plattformen wie Shopify oder Etsy bieten dir die Möglichkeit, schnell loszulegen.

2. Dein Business-Modell – Die Wahl der richtigen Struktur

Es gibt viele verschiedene Arten von Online-Businesses, und es ist wichtig, das Modell zu wählen, das am besten zu deinem Lebensstil, deinen Zielen und deinem Budget passt. Hier sind einige der gängigsten Modelle, die du in Betracht ziehen kannst:

- **Dienstleistungsbasiertes Business**: Wenn du Expertise in einem bestimmten Bereich hast, kannst du deine Dienstleistungen online anbieten. Das kann Coaching, Beratung, Design, Social-Media-Management oder Texterstellung sein.
- **Produktbasiertes Business**: Hier verkaufst du Produkte, entweder physische (z. B. über einen Online-Shop) oder digitale Produkte (z. B. E-Books, digitale Kunstwerke, Fotografie).
- **Affiliate-Marketing**: Du kannst Produkte oder Dienstleistungen anderer Unternehmen bewerben und dabei eine Provision verdienen. Dies funktioniert besonders gut, wenn du bereits eine Online-Präsenz wie einen Blog oder YouTube-Kanal hast.
- **Abo-Modelle:** Du bietest Inhalte oder Produkte regelmäßig an, z. B. als Mitgliedschafts-Website oder über Plattformen wie Patreon, auf denen Menschen für exklusiven Zugang zu Inhalten zahlen.

3. Der erste Schritt – Deine Webseite und Online-Präsenz erstellen

Bevor du mit deinem Online-Business richtig durchstarten kannst, benötigst du eine Online-Präsenz, die dich und dein Business professionell darstellt. Deine Webseite ist das Herzstück deines Online-Business. Sie hilft dir nicht nur dabei, deine Dienstleistungen oder Produkte zu präsentieren, sondern gibt dir auch eine seriöse Plattform, auf der du mit potenziellen Kunden kommunizieren kannst.

Hier sind einige wichtige Schritte, um deine Webseite zu erstellen:

1. **Domain und Hosting**: Wähle eine passende Domain (dein Name oder das Thema deines Business) und kaufe sie bei Anbietern wie GoDaddy oder checkdomain.
2. **Website Builder**: Wenn du keine Erfahrung im Programmieren hast, kannst du Plattformen wie WordPress, Wix oder Squarespace nutzen, um deine Webseite schnell und einfach zu erstellen. Diese Plattformen bieten viele benutzerfreundliche Vorlagen und Funktionen.

Komplettpakete (Tools zum Aufbau einer Website sowie Domain) erhältst du z.B. über Strato oder Ionos

3. **Design und Inhalt**: Achte darauf, dass deine Webseite ansprechend aussieht und eine klare Struktur hat. Deine Dienstleistungen oder Produkte sollten deutlich dargestellt werden, und du solltest eine einfache Möglichkeit bieten, mit dir in Kontakt zu treten.

4. **E-Commerce-Optionen**: Wenn du Produkte verkaufen möchtest, integriere eine einfache E-Commerce-Lösung wie Shopify.

4. Marketing und Kunden gewinnen – Die richtigen Strategien

Nun, da du deine Webseite erstellt hast, ist der nächste Schritt, Kunden zu gewinnen. Du kannst das beste Produkt oder die beste Dienstleistung anbieten, aber ohne eine Marketingstrategie wird es schwierig, erfolgreich zu sein.

Hier sind einige bewährte Marketingstrategien, die dir helfen können:

- **Social Media**: Nutze Plattformen wie Facebook, Instagram oder LinkedIn, um auf dein Business aufmerksam zu machen. Es ist wichtig, regelmäßig Inhalte zu posten, mit deiner Zielgruppe zu interagieren und Beziehungen aufzubauen.

- **Content-Marketing**: Erstelle wertvolle Inhalte (z. B. Blogposts, Videos, Podcasts), die deine Zielgruppe ansprechen und ihr helfen, ihre Probleme zu lösen. Dies kann dir helfen, Vertrauen aufzubauen und dich als Experten auf deinem Gebiet zu positionieren.

- **E-Mail-Marketing**: Baue eine E-Mail-Liste auf und sende regelmäßig Newsletter an deine Abonnenten. Dies ist eine der effektivsten Methoden, um eine langfristige Beziehung zu deinen Kunden zu pflegen.

- **SEO (Search Engine Optimization)**: Optimiere deine Webseite für Suchmaschinen, damit sie von potenziellen Kunden leichter gefunden wird. Dies beinhaltet die Verwendung von Schlüsselwörtern, die relevant für dein Business sind.

5. Durchhalten – Geduld und Ausdauer

Ein Online-Business wächst nicht über Nacht. Es braucht Zeit, Energie und viel Geduld. Aber wenn du dranbleibst und kontinuierlich an deinem Business arbeitest, wirst du Fortschritte sehen. Auch wenn du Rückschläge erlebst oder Herausforderungen auftauchen, bleibe fokussiert und denke daran, warum du diesen Schritt überhaupt wagst.

Fazit: Dein Weg zum Online-Business

Ein Online-Business zu starten, ist eine der spannendsten und erfüllendsten Entscheidungen, die du treffen kannst. Mit den richtigen Ideen, der nötigen Geduld und einer klaren Strategie kannst du den Weg erfolgreich gehen – auch wenn du 50+ bist. Die digitale Welt bietet dir zahlreiche Chancen, deine Fähigkeiten und Erfahrungen zu nutzen, um ein Business aufzubauen, das dir sowohl Freiheit als auch Erfüllung bringt.

Nutze die Möglichkeiten, die dir die Online-Welt bietet, und gehe deinen Weg Schritt für Schritt. Du hast alles, was du brauchst, um erfolgreich zu sein – es ist nur eine Frage der Zeit und der richtigen Strategie.

Übung: Meine erste Online-Business-Idee

Der Weg ins eigene Online-Business beginnt nicht mit einem fertigen Plan – sondern mit einer Idee, die dich begeistert. Diese Übung hilft dir, deine ganz persönliche Business-Idee zu formulieren – basierend auf dem, was du wirklich kannst und gerne tust. Es geht nicht um Perfektion, sondern um deinen ersten Funken.

Zeitaufwand: 15 Minuten
Ziel der Übung: Du formulierst eine erste, einfache Idee für ein mögliches Online-Business, das zu deinen Fähigkeiten, Interessen und Lebenszielen passt.

Deine Aufgabe:
Vervollständige diesen Satz mit deinen eigenen Worten:

„Eine Idee für ein Online-Business, die zu meinen Stärken, Interessen oder Erfahrungen passt, ist ..."
(Zum Beispiel: „ein Online-Coaching für berufliche Neuorientierung", „handgemachte Produkte auf Etsy verkaufen", „digitale Anleitungen zum Thema Ernährung erstellen", „einen Blog über Lebenserfahrung 50+ starten".)

_____

_____

Schreib frei, ohne zu zensieren. Diese Idee ist noch kein Versprechen – aber vielleicht der Anfang von etwas Großem.

Motivierender Impuls:
Du brauchst keinen perfekten Plan. Du brauchst nur den Mut, deine Idee ernst zu nehmen. Alles Weitere entsteht Schritt für Schritt.

Kapitel 16:
Finanzplanung –
Rente und Vorsorge auch während eines beruflichen Neuanfangs

Wenn du einen beruflichen Neuanfang wagst, besonders mit 50+, ist es leicht, sich auf die neuen beruflichen Herausforderungen zu konzentrieren und die finanzielle Vorsorge zu vernachlässigen. Doch gerade in dieser Lebensphase ist es entscheidend, nicht nur an den kurzfristigen Erfolg zu denken, sondern auch sicherzustellen, dass du langfristig gut für deine Rente und Altersvorsorge aufgestellt bist. Deine finanzielle Zukunft darf nicht zu kurz kommen, auch wenn du gerade in einer Phase der beruflichen Umstellung bist.

Viele Menschen neigen dazu, sich auf den unmittelbaren Erfolg eines Neuanfangs zu fokussieren, sei es in einer neuen Anstellung oder durch den Einstieg in die Selbstständigkeit. Doch ein wichtiger Bestandteil dieses Neuanfangs sollte auch deine finanzielle Absicherung sein – besonders wenn du das Ziel hast, später einmal ohne finanzielle Sorgen im Ruhestand zu leben.

In diesem Kapitel möchte ich dir praktische Tipps geben, wie du deine Rentenansprüche überprüfen, deine finanzielle Vorsorge optimieren und gleichzeitig für deine Zukunft vorsorgen kannst, auch während du beruflich neu durchstartest.

1. Deine Rentenansprüche prüfen und optimieren
Bevor du dich in einen beruflichen Neuanfang stürzt, ist es wichtig, deine Rentenansprüche zu prüfen. Falls du bereits in die gesetzliche Rentenversicherung eingezahlt hast und den Rentenbescheid noch nicht regelmäßig automatisch zugeschickt bekommst, solltest du ihn anfordern,

um herauszufinden, wie viel du voraussichtlich im Ruhestand erhalten wirst. Dieser Betrag hängt von vielen Faktoren ab, unter anderem davon, wie lange du in die Rentenversicherung eingezahlt hast und wie hoch deine Einkünfte in der Vergangenheit waren.

Es ist besonders wichtig, dass du deine Rentenansprüche nicht als endgültig betrachtest. Es gibt verschiedene Möglichkeiten, wie du deine Rentenansprüche optimieren kannst, um sicherzustellen, dass du auch im Ruhestand den Lebensstandard aufrechterhalten kannst, den du dir wünschst.

Einige Strategien zur Rentenoptimierung sind:

- **Freiwillige Beiträge einzahlen:** Wenn du für einen Zeitraum nicht gearbeitet hast oder dein Einkommen nicht ausreichend war, kannst du unter bestimmten Bedingungen freiwillige Beiträge zur gesetzlichen Rentenversicherung leisten. Diese Zusatzbeiträge können deine späteren Rentenzahlungen erhöhen.
- **Private Rentenversicherung oder Riester-Rente:** Um deine gesetzliche Rente aufzubessern, kannst du in private Altersvorsorgeprodukte wie eine private Rentenversicherung oder die Riester-Rente investieren. Gerade die Riester-Rente bietet dir als Arbeitnehmer mit einer gesetzlich geregelten Rentenversicherung Steuervorteile und Zulagen.
- **Betriebliche Altersvorsorge (bAV):** Wenn du in einem Unternehmen angestellt bist, bietet dir die betriebliche Altersvorsorge die Möglichkeit, zusätzlich zur gesetzlichen Rente vorzusorgen. Hierbei zahlst du einen Teil deines Gehalts in eine Pensionskasse ein, und der Arbeitgeber leistet häufig noch eine zusätzliche Unterstützung.

Ich selbst habe, nachdem ich meine berufliche Umschulung abgeschlossen hatte, meine privaten Vorsorgepläne überprüft und mich entschlossen, zusätzlich freiwillige Beiträge in die gesetzliche Rentenversicherung einzuzahlen, um meine Rentenansprüche zu optimieren.

2. Finanzielle Vorsorge für Selbstständige oder Freelancer

Wenn du dich nach deinem Neuanfang für den Weg in die Selbstständigkeit oder als Freelancer entscheidest, ändert sich deine finanzielle Planung erheblich. Anders als in einem Angestelltenverhältnis bist du selbst dafür verantwortlich, für deine Altersvorsorge vorzusorgen.

Hier einige wichtige Punkte, die du beachten solltest:

- **Private Rentenversicherung:** Für Selbstständige und Freelancer ist es besonders wichtig, eine private Rentenversicherung abzuschließen, um für das Alter vorzusorgen. Diese kann flexibel gestaltet werden und bietet dir die Möglichkeit, regelmäßig oder auch einmalig Beiträge zu zahlen. Achte darauf, dass die Versicherung genügend Erträge erwirtschaftet, um dir später eine ordentliche Rente zu sichern.
- **Rürup-Rente (Basisrente):** Für Selbstständige gibt es die Möglichkeit, die Rürup-Rente abzuschließen. Sie ist steuerlich begünstigt, da du die Beiträge als Vorsorgeaufwendungen steuerlich geltend machen kannst. Der Vorteil der Rürup-Rente ist, dass sie nicht nur eine gute Altersvorsorge darstellt, sondern dir auch aktuelle Steuererleichterungen bietet.
- **Vorsorge durch Investitionen:** Du kannst auch durch Investitionen in Immobilien, Aktien oder Fonds eine zusätzliche Einkommensquelle im Ruhestand aufbauen. Diese Art der finanziellen Vorsorge ist besonders wichtig, wenn du auf das monatliche Einkommen aus der Selbstständigkeit angewiesen bist und nicht regelmäßig in eine Rentenkasse einzahlen kannst.

Ich habe mich bei meinem eigenen Schritt in die Selbstständigkeit intensiv mit den verschiedenen Altersvorsorge-Modellen auseinandergesetzt und habe mich zunächst für eine private Rentenversicherung entschieden.

3. Wie du auch während des beruflichen Neuanfangs für deine Zukunft vorsorgst

Es ist wichtig, auch während eines beruflichen Neuanfangs die finanzielle Zukunft im Blick zu behalten. Auch wenn du vielleicht gerade weniger

Einkommen hast oder dir Sorgen über die finanzielle Stabilität in der Anfangsphase deiner beruflichen Neuorientierung machst, solltest du dennoch regelmäßig an deine Altersvorsorge denken.

Hier einige Tipps, wie du trotz eines Neuanfangs finanziell für die Zukunft vorsorgen kannst:

*   **Regelmäßig sparen:** Auch kleine Beträge können im Laufe der Zeit einen großen Unterschied machen. Es ist wichtig, regelmäßig einen Teil deines Einkommens für die Altersvorsorge oder als Rücklage zu sparen. Auch wenn du nur kleine Beträge monatlich beiseitelegst, kannst du langfristig von den Zinsen und der Verzinsung profitieren.
*   **Sicherheitsnetz schaffen:** Achte darauf, ein finanzielles Polster für unerwartete Ausgaben zu schaffen, sei es durch eine Notfallreserve oder durch eine Zusatzversicherung. Eine finanzielle Rücklage kann dir nicht nur helfen, Krisen zu bewältigen, sondern auch dazu beitragen, deine finanzielle Sicherheit langfristig zu erhöhen.
*   **Zusätzliche Einkommensquellen prüfen:** Gerade wenn du dich beruflich neu orientierst, kann es sinnvoll sein, nebenbei zusätzliches Einkommen zu generieren. Dies kann durch Nebenjobs, Investitionen oder auch durch Online-Business-Modelle erfolgen, die dir eine zusätzliche Einkommensquelle bieten.

Fazit: Finanzielle Vorsorge für die Zukunft

Ein beruflicher Neuanfang ist eine aufregende Zeit, die viele Veränderungen mit sich bringt. Doch während du dich auf deine neuen beruflichen Ziele konzentrierst, solltest du die finanzielle Absicherung für die Zukunft nicht aus den Augen verlieren. Es ist wichtig, deine Rentenansprüche zu prüfen, private und gesetzliche Vorsorgemöglichkeiten zu nutzen und auch während des Neuanfangs regelmäßig für die Zukunft vorzusorgen.

Indem du deine finanzielle Sicherheit frühzeitig planst und kontinuierlich daran arbeitest, kannst du nicht nur deinen beruflichen Neuanfang erfolgreich meistern, sondern auch sicherstellen, dass du später im Ruhestand ohne Sorgen leben kannst.

Übung: Mein Vorsorge-Check – Ein bewusster Blick auf meine finanzielle Zukunft

Ein beruflicher Neuanfang bringt viele neue Chancen – aber auch die Verantwortung, an morgen zu denken. Diese Übung soll dir helfen, einen ersten, konkreten Schritt in Richtung Altersvorsorge zu gehen. Du musst noch keine Entscheidung treffen – es reicht, wenn du den Anfang machst und Klarheit gewinnst.

Zeitaufwand: 10–15 Minuten
Ziel der Übung: Du schaffst Bewusstsein für deine aktuelle Renten- oder Vorsorgesituation und definierst eine erste Aktion, um dich gezielter mit dem Thema auseinanderzusetzen.

Deine Aufgabe:
Vervollständige diesen Satz mit deinen eigenen Worten:

„Ein realistischer erster Schritt, den ich in den nächsten 7 Tagen für meine Altersvorsorge oder Rentenplanung tun kann, ist ...“
(Zum Beispiel: den letzten Rentenbescheid lesen, einen Beratungstermin vereinbaren, Informationen zur Rürup-Rente recherchieren, 50 € in eine Rücklage überweisen.)

_____

_____

Mach dir bewusst: Jeder kleine Schritt ist ein Baustein für deine finanzielle Freiheit im Alter. Schreib ihn auf – und geh ihn an.

Motivierender Impuls:
Vorsorge ist kein Zeichen von Angst, sondern von Stärke. Wer heute klug plant, gibt sich selbst morgen Sicherheit und Freiheit.

Kapitel 17:
Veränderung der eigenen Identität –
Wie du mit der neuen Rolle im Beruf umgehst

Ein beruflicher Neuanfang kann eine tiefgreifende Veränderung in deinem Leben und deiner Identität bedeuten. Wenn du dich entscheidest, in einem neuen Bereich zu arbeiten oder sogar ein eigenes Unternehmen zu gründen, kann es sein, dass du deine berufliche Identität neu definieren musst. Vielleicht warst du viele Jahre lang in einer bestimmten Rolle tätig – sei es als Fachkraft, Führungskraft oder vielleicht in einer ganz anderen Position – und nun stehst du vor der Herausforderung, dich in einem neuen Berufsfeld zurechtzufinden.

Diese Veränderung kann sich zunächst überwältigend anfühlen. Du musst nicht nur neue berufliche Fähigkeiten erwerben, sondern dich auch als Person neu erfinden. Die Unsicherheit über deine neue Rolle und die damit verbundene Veränderung in deinem Selbstbild können Fragen zum Selbstwert und Selbstvertrauen aufwerfen.

In diesem Kapitel möchte ich dir zeigen, wie du mit dieser Veränderung umgehst, wie du deine berufliche Identität neu gestaltest und wie du Selbstbewusstsein und Selbstwertgefühl aufbaust, während du dich beruflich neu orientierst.

1. Die berufliche Identität neu gestalten – Dein Weg zu einer neuen Rolle

Ein Neuanfang im Beruf kann dazu führen, dass du dich von der alten Rolle oder der alten Identität distanzieren musst. Vielleicht warst du viele Jahre lang als Manager tätig, hast dich als spezialisierte Fachkraft definiert oder hast deine Identität über deine Rolle in der Familie (z. B. als Elternteil) aufgebaut. Wenn du nun eine neue Richtung einschlägst, kann es herausfordernd sein, dich von dieser bisherigen Identität zu lösen und eine neue berufliche Identität zu entwickeln.

Der erste Schritt bei dieser Neuorientierung ist, dir bewusst zu machen, wer du jetzt bist und was du mit deinem neuen Beruf erreichen möchtest. Deine neue berufliche Identität ist nicht nur die Funktion, die du einnimmst, sondern auch eine Verbindung zu deinen Werten, Fähigkeiten und Zielen. Du musst lernen, deine Stärken und Erfahrungen aus der Vergangenheit auf deine neue Rolle zu übertragen.

Ich selbst stand vor dieser Herausforderung, als ich nach meiner Umschulung in dem kaufmännischen Beruf tätig wurde. Ich musste mich von der Vorstellung lösen, dass ich nur durch meine frühere Arbeitserfahrung definiert wurde. Stattdessen begann ich, meine neuen Fähigkeiten und Perspektiven als Bereicherung zu betrachten und sie aktiv in meinen neuen beruflichen Alltag zu integrieren.

2. Selbstwert und Selbstvertrauen im neuen Beruf aufbauen

Die Umstellung auf eine neue berufliche Rolle erfordert nicht nur die Entwicklung neuer fachlicher Fähigkeiten, sondern auch den Aufbau von Selbstwert und Selbstvertrauen. Es ist vollkommen normal, anfangs zu zweifeln und sich unsicher zu fühlen – insbesondere, wenn du das Gefühl hast, dass deine bisherigen Erfahrungen nicht perfekt auf den neuen Beruf zutreffen.

Es ist wichtig, dass du deine Erfolge anerkennst – auch die kleinen. Jeder Schritt, den du machst, sei es eine neue Fähigkeit, die du erlernst, oder eine Aufgabe, die du erfolgreich abschließt, trägt zu deinem Selbstwert bei. Du musst lernen, Selbstvertrauen in deine neuen Fähigkeiten zu entwickeln und nicht mit deiner alten beruflichen Identität zu vergleichen.

Eine meiner größten Herausforderungen war es, Selbstvertrauen in meine neue berufliche Rolle zu gewinnen, da ich mich zunächst unsicher fühlte. Doch ich merkte schnell, dass Selbstvertrauen nicht einfach von selbst kommt, sondern dass ich aktiv daran arbeiten musste. Ich begann, meine

Erfolge zu dokumentieren und mich regelmäßig für meine Fortschritte zu loben, was mein Vertrauen in meine Fähigkeiten stärkte.

3. Die Rolle von Erfolg und Misserfolg bei der Neudefinition deiner beruflichen Identität

Erfolg und Misserfolg spielen eine entscheidende Rolle bei der Neudefinition deiner beruflichen Identität. Besonders beim Neuanfang ist es wichtig zu verstehen, dass Misserfolge nicht das Ende sind, sondern dass sie dir wertvolle Lernmöglichkeiten bieten. Die Art und Weise, wie du mit Misserfolgen umgehst, hat einen großen Einfluss auf dein Selbstwertgefühl und deine mentale Stärke.

Erfolg ist nicht nur das Erreichen eines Ziels, sondern auch der Prozess, den du durchläufst, um es zu erreichen. Die Fehler, die du machst, können dir helfen, deine berufliche Identität klarer zu definieren. Du lernst, was funktioniert und was nicht – und daraus resultiert dein persönliches Wachstum.

Es ist wichtig, sich bewusst zu machen, dass der Weg zum Erfolg nicht immer geradlinig ist. Misserfolge und Hindernisse gehören dazu, und sie sind genauso wichtig wie die Erfolge. Wenn du aus jedem Misserfolg eine Lektion ziehst, baust du nicht nur deine Fähigkeiten aus, sondern auch dein Selbstvertrauen und deine Resilienz.

4. Deine berufliche Identität kontinuierlich weiterentwickeln

Berufliche Identität ist keine fixe Größe, sondern etwas, das sich im Laufe der Zeit weiterentwickelt. Du bist nicht nur die Rolle, die du heute ausfüllst, sondern auch die Person, die du in Zukunft sein möchtest. Deine berufliche Identität kann sich mit jeder neuen Erfahrung und jedem neuen Erfolg weiterentwickeln.

Es ist wichtig, dass du den Prozess der beruflichen Identitätsbildung als einen kontinuierlichen Weg begreifst. Sei offen für neue Lernmöglichkeiten, neue Perspektiven und neue berufliche Herausforderungen. Indem du dein

Wissen und deine Fähigkeiten kontinuierlich erweiterst, wächst auch deine berufliche Identität.

Fazit: Deine berufliche Identität im Wandel

Ein beruflicher Neuanfang erfordert nicht nur die Entwicklung neuer beruflicher Fähigkeiten, sondern auch eine neue Perspektive auf deine berufliche Identität. Du musst lernen, dich von deiner alten Rolle zu lösen und dich als neue, wachstumsorientierte Person zu sehen, die in der Lage ist, neue Herausforderungen zu meistern.

Indem du deinen Selbstwert und Selbstvertrauen kontinuierlich aufbaust und Misserfolge als Teil des Lernprozesses betrachtest, wirst du in der Lage sein, deine neue berufliche Identität selbstbewusst und erfolgreich zu gestalten.

Denke daran: Du bist nicht nur die Rolle, die du derzeit ausfüllst, sondern auch die Person, die du mit jeder Entscheidung und jedem Schritt zu einer besseren Version von dir selbst machst.

Übung: Mein neues berufliches Selbstbild

Deine alte Rolle liegt vielleicht hinter dir – aber vor dir liegt die Chance, dich neu zu erfinden. Diese Übung unterstützt dich dabei, deine neue berufliche Identität bewusst zu gestalten: nicht als Bruch mit der Vergangenheit, sondern als Weiterentwicklung deiner Stärken, Werte und Erfahrungen.

Zeitaufwand: 15 Minuten
Ziel der Übung: Du formulierst in einem kurzen Selbstbild, wie du dich in deiner neuen beruflichen Rolle sehen möchtest – als ersten Schritt zu mehr innerer Klarheit und Selbstvertrauen.

Deine Aufgabe:
Vervollständige diesen Satz mit deinen eigenen Worten:

„In meiner neuen beruflichen Rolle bin ich jemand, der ..."
(z. B. „... mit Erfahrung, Lernbereitschaft und Mut neue Wege geht."
„... anderen mit Organisationstalent und Empathie hilft, ihre Ziele zu erreichen."
„... sich selbst ernst nimmt, Neues mit Freude lernt und Verantwortung übernimmt.")

_____

_____

Schreib deinen Satz so, dass du dich selbst darin wiedererkennst – und zugleich motiviert fühlst, in diese Rolle hineinzuwachsen.

Motivierender Impuls:
Du darfst dein berufliches Selbstbild selbst gestalten. Es ist kein Etikett von außen – es ist ein Versprechen an dich selbst.

Kapitel 18:
Der Übergang zur Selbstständigkeit –
Wie du dich als Unternehmer auf
dem klassischen Markt etablierst

Nicht jeder berufliche Neuanfang muss sich im digitalen Bereich abspielen. Für viele bedeutet ein Neuanfang in der Selbstständigkeit, den Schritt in einen traditionellen Sektor wie Handwerk, Beratung oder Einzelhandel zu wagen. Auch in diesen klassischen Branchen gibt es zahlreiche Chancen, ein erfolgreiches Business aufzubauen.

Die Entscheidung, sich selbstständig zu machen, ist ein großer Schritt. Es bedeutet, dass du nicht nur dein Fachwissen und deine Fähigkeiten einsetzt, sondern auch die Verantwortung für die Finanzen, die Unternehmensführung und den Marktzugang trägst. Besonders für 50+ ist es eine großartige Möglichkeit, die eigene Karriere zu gestalten, die unternehmerischen Zügel in die Hand zu nehmen und langfristig unabhängiger zu werden.

In diesem Kapitel möchte ich dir dabei helfen, die Grundlagen der klassischen Selbstständigkeit zu verstehen, dir erste Schritte zu erklären und dir zu zeigen, wie du dich als Unternehmer im klassischen Markt etablieren kannst.

1. Wie du ein Business im klassischen Bereich aufbaust
Der erste Schritt zur Selbstständigkeit im klassischen Bereich ist, eine klare Geschäftsidee zu entwickeln. Vielleicht hast du jahrelange Erfahrung in einem bestimmten Berufsfeld oder du hast eine Leidenschaft für einen bestimmten Bereich, die du in ein Unternehmen umsetzen möchtest.

Mögliche Geschäftsfelder im traditionellen Markt sind:

- **Handwerk:** Vom Maler über Tischler bis hin zum Elektriker – Handwerksberufe bieten zahlreiche Möglichkeiten für Selbstständige.
- **Beratung:** Wenn du viel Erfahrung in einem bestimmten Bereich hast, kannst du als Berater tätig werden – sei es im Bereich Personal, Finanzen, Marketing oder IT.
- **Einzelhandel:** Die Eröffnung eines Einzelhandelsgeschäfts oder eines Ladens für ein bestimmtes Produkt kann eine lukrative Selbstständigkeit sein, insbesondere, wenn du ein besonderes Angebot hast, das den Markt anspricht.
- **Dienstleistungen:** Hierzu gehören beispielsweise Reinigungsdienste, Catering, Eventmanagement oder auch tierbezogene Dienstleistungen wie Hundesitting oder Hundetraining.

Die Schlüssel zu einem erfolgreichen Start im klassischen Geschäft sind Marktforschung, Zielgruppenbestimmung und Differenzierung. Du musst verstehen, welche Bedürfnisse der Markt hat und wie du dich mit deinem Angebot von der Konkurrenz abheben kannst. Dies erfordert oft eine detaillierte Geschäftsplanung, in der du deine Ziele und Strategien festlegst.

2. Die ersten Schritte zur Gründung eines Unternehmens offline

Die Gründung eines Unternehmens erfordert mehr als nur eine Idee – es gibt viele administrative und rechtliche Schritte, die du beachten musst, um dein Business auf soliden Füßen zu stellen. Hier sind die wichtigsten Schritte, um dein Unternehmen zu gründen:

- **Rechtsform wählen:** Du musst entscheiden, welche Rechtsform für dein Unternehmen am besten geeignet ist. Die gängigsten Formen sind:
  - **Einzelunternehmen** (die einfachste und kostengünstigste Form, bei der du allein verantwortlich bist),
  - **GmbH** (Gesellschaft mit beschränkter Haftung, eine gute Wahl, wenn du dein Risiko begrenzen möchtest),
  - **UG (haftungsbeschränkt)** (eine Mini-GmbH, die geringe Gründungskosten hat und eine Haftungsbegrenzung bietet).

- **Finanzierung sichern:** Überlege, wie du dein Unternehmen finanzieren möchtest. Möglichkeiten sind Eigenkapital, Bankdarlehen oder auch Förderungen und Zuschüsse von staatlichen Institutionen, die speziell für Gründer angeboten werden. Achte darauf, dass du eine solide Liquiditätsplanung machst, um deine laufenden Kosten zu decken.
- **Gewerbeanmeldung durchführen:** Je nach Art deines Unternehmens musst du ein Gewerbe anmelden. Dies erfolgt in der Regel beim zuständigen Gewerbeamt. Die Anmeldung ist oft schnell erledigt, jedoch wichtig für die rechtliche Grundlage deines Unternehmens.
- **Eintragung ins Handelsregister:** Wenn du dich für eine GmbH oder eine andere Kapitalgesellschaft entscheidest, musst du dein Unternehmen ins Handelsregister eintragen lassen. Diese Eintragung macht dein Unternehmen offiziell und bietet rechtliche Absicherung.
- **Geschäftskonto eröffnen:** Als Selbstständiger oder Unternehmer solltest du ein separates Geschäftskonto führen. So behältst du den Überblick über deine Einnahmen und Ausgaben und vermeidest Schwierigkeiten bei der Steuererklärung.
- **Steuern und Anmeldung:** Du musst dich beim Finanzamt anmelden und eine Steuernummer beantragen. Zudem solltest du dich über deine Steuerpflichten informieren (z. B. Umsatzsteuer, Einkommenssteuer) und rechtzeitig ein Buchhaltungssystem einrichten, um deine Finanzen ordnungsgemäß zu verwalten.
- **Versicherungen abschließen:** Achte darauf, dass du für deine Selbstständigkeit wichtige Versicherungen abschließt, wie etwa eine Krankenversicherung, Berufshaftpflichtversicherung und Betriebsversicherung.

Ich habe bei meiner eigenen Gründung großen Wert auf eine saubere Finanzplanung gelegt und mich bei den rechtlichen Aspekten umfassend beraten lassen. So konnte ich sicherstellen, dass ich alle nötigen Schritte korrekt und effizient durchgeführt habe.

3. Wie du dich als Experte im Offline-Bereich positionierst

Egal, ob du ein Handwerksunternehmen, eine Beratungsfirma oder ein Einzelhandelsgeschäft gründest – es ist wichtig, dass du dich als Experte in deinem Bereich positionierst. Markenbildung und Positionierung sind auch im klassischen Markt von entscheidender Bedeutung, um potenzielle Kunden von deinem Angebot zu überzeugen.

- **Sichtbarkeit erhöhen:** Nutze traditionelle Werbemaßnahmen wie Flyer, Visitenkarten und Zeitungsanzeigen, aber auch Veranstaltungen und Networking in der Branche, um dich bekannt zu machen. Auch eine Website und ein Social-Media-Auftritt sind heutzutage in vielen Branchen entscheidend, um mit potenzieller Kundschaft in Kontakt zu treten.
- **Netzwerken:** Kontakte zu anderen Unternehmern, Lieferanten und potenzieller Kundschaft sind von zentraler Bedeutung. Besuche Branchentreffen, Messen oder Veranstaltungen in deiner Nähe, um dich als Experte zu positionieren und Vertrauen aufzubauen.
- **Referenzen und Empfehlungen:** Gerade im klassischen Markt ist Mundpropaganda ein wichtiger Erfolgsfaktor. Achte darauf, dass du hohe Qualität und guten Service bietest, damit deine Kundschaft dich weiterempfiehlt. Kundenbewertungen und Erfahrungsberichte auf deiner Website oder in sozialen Netzwerken können ebenfalls helfen, Vertrauen aufzubauen.

Ich selbst habe beim Aufbau meines Unternehmens viel in Netzwerken investiert. Die Zusammenarbeit mit anderen Selbstständigen und die Teilnahme an Fachveranstaltungen haben mir geholfen, die ersten Schritte in meiner Branche zu gehen.

Fazit: Der erfolgreiche Übergang zur Selbstständigkeit im klassischen Bereich

Der Übergang zur Selbstständigkeit, insbesondere im klassischen Bereich wie Handwerk, Beratung oder Einzelhandel, ist eine große Herausforderung, aber auch eine wunderbare Gelegenheit, deine berufliche Zukunft aktiv zu gestalten. Mit einer soliden Geschäftsidee, einer durchdachten Gründung und einer klaren Positionierung kannst du erfolgreich in deinem neuen Geschäftsfeld durchstarten.

Wichtig ist, dass du den Prozess der Unternehmensgründung systematisch angehst und dir die nötige Zeit nimmst, um alle administrativen und finanziellen Schritte korrekt zu durchlaufen. Auch die kontinuierliche Markenbildung und das Netzwerken sind essenziell, um dich als Unternehmer im klassischen Markt zu etablieren.

Indem du deine Expertise und Professionalität gezielt einsetzt und deine Sichtbarkeit kontinuierlich erhöhst, wirst du nicht nur als Unternehmer erfolgreich sein, sondern auch langfristig ein stabiles und erfolgreiches Business aufbauen.

Übung: Dein erster Schritt als Unternehmer: Die Vision klar formulieren

Jedes erfolgreiche Unternehmen beginnt mit einer starken inneren Haltung – und einem klaren Bild davon, wofür es stehen soll. Bevor du dich in Geschäftspläne und Formalitäten stürzt, hilft es, dein Warum, deine Motivation und deinen Wert für den Markt zu benennen. Diese Übung gibt dir die Chance, genau das für dich festzuhalten.

Zeitaufwand: 10–15 Minuten

Ziel der Übung: Du formulierst deinen persönlichen „Unternehmer-Leitsatz", der dich durch die Gründungsphase trägt, dir Klarheit gibt und dich daran erinnert, wofür du losgehst.

Deine Aufgabe:
Vervollständige folgende Sätze mit deinen eigenen Worten:

„Ich möchte mein Unternehmen gründen, weil ..."
(z. B. „... ich Menschen helfen will, sich besser zu organisieren."
„... ich meine handwerkliche Erfahrung sinnvoll nutzen und unabhängig arbeiten möchte.")

_____

_____

„Meine Kundinnen und Kunden profitieren von mir, weil ..."
(z. B. „... ich ehrlich, zuverlässig und lösungsorientiert arbeite."
„... ich jahrzehntelange Erfahrung mitbringe und individuell auf ihre Bedürfnisse eingehe.")

_____

_____

Motivierender Impuls:

Jedes starke Unternehmen beginnt mit einem mutigen Gedanken – und du hast diesen Gedanken heute zu Papier gebracht. Du hast damit nicht nur angefangen zu träumen, sondern dir auch selbst gezeigt: Ich bin bereit, meine Idee Wirklichkeit werden zu lassen.

Kapitel 19:
Die Rolle von Mentoring und Coaching –
Wie ein Mentor dir beim Neuanfang helfen kann

Ein beruflicher Neuanfang kann eine herausfordernde Reise sein. Du betrittst Neuland, lernst neue Fähigkeiten und musst dich an neue Arbeitsumgebungen und Kulturen anpassen. In solchen Momenten kann es eine enorme Hilfe sein, einen Mentor oder Coach an deiner Seite zu haben. Diese Personen bieten dir wertvolle Perspektiven, sind erfahrene Begleiter auf deinem Weg und können dir helfen, deine Ziele schneller zu erreichen.

Ob du nun ein neues Unternehmen gründest, in einen neuen Beruf einsteigst oder dich in einem anderen Bereich weiterentwickeln möchtest – ein Mentor oder Coach kann dir den nötigen Rückenwind und wichtige Ratschläge geben, um erfolgreich zu starten. Doch wie findest du den richtigen Mentor oder Coach für dich, und wie kannst du selbst davon profitieren? In diesem Kapitel möchte ich dir zeigen, wie du einen Mentor oder Coach findest, was die Vorteile von Mentoring und Coaching sind und wie du, wenn du dein Ziel erreicht hast, selbst als Mentor für andere tätig werden kannst.

1. Wie du einen Mentor oder Coach findest, der zu deinen Zielen passt

Der erste Schritt, um von Mentoring und Coaching zu profitieren, ist, den richtigen Mentor oder Coach zu finden, der zu deinen Zielen und deinem beruflichen Weg passt. Hierbei geht es nicht nur darum, jemanden zu finden, der dir Ratschläge erteilt, sondern auch darum, eine Beziehung aufzubauen, die auf Vertrauen, Respekt und gegenseitigem Interesse basiert.

Hier sind einige Tipps, wie du den richtigen Mentor oder Coach findest:

- **Definiere deine Ziele:** Überlege dir, welche Ziele du in deinem beruflichen Neuanfang erreichen möchtest. Möchtest du dich in einem bestimmten Bereich weiterentwickeln, eine Karriere im neuen Berufsfeld starten oder ein Unternehmen gründen? Ein Mentor oder Coach, der Erfahrungen in dem Bereich hat, in dem du Unterstützung suchst, wird dir am meisten helfen können.
- **Suche nach Erfahrung und Expertise:** Dein Mentor oder Coach sollte über die richtige Expertise und Erfahrung verfügen, um dich auf deinem Weg zu unterstützen. Sie sollten bereits in der Branche oder auf dem Gebiet tätig gewesen sein, in dem du dich etablieren möchtest, oder zumindest die nötige mentale Stärke und Erfahrung haben, um dich bei deiner Entwicklung zu begleiten.
- **Schau auf Werte und Persönlichkeit:** Es ist wichtig, dass du einen Mentor oder Coach findest, dessen Werte und Arbeitsweise mit deinen eigenen Vorstellungen übereinstimmen. Du solltest dich mit dieser Person auf persönlicher Ebene wohlfühlen und das Gefühl haben, dass sie dir vertrauensvoll und respektvoll begegnet.
- **Netzwerken und Empfehlungen:** Nutze dein Netzwerk oder besuche Events und Veranstaltungen, um potenzielle Mentoren oder Coaches kennenzulernen. Vielleicht gibt es in deiner Branche Mentoring-Programme, die du nutzen kannst. Auch Empfehlungen von Kolleginnen und Kollegen oder anderen Unternehmern können wertvoll sein.

Ich habe in meiner Karriere einen Coach gefunden, der mir nicht nur mit praktischen Ratschlägen zur Seite stand, sondern mir auch half, die Grundlagen für meine Weiterbildung zum Appointment-Setter zu legen. Nun unterstützt er mich auch weiterhin dabei, mein eigenes Online-Business zu starten. Diese klare Ausrichtung hat mir enorm geholfen, fokussiert und zielgerichtet zu bleiben.

2. Die Vorteile von Mentoring und Coaching für die persönliche und berufliche Weiterentwicklung

Mentoring und Coaching bieten dir viele Vorteile, die weit über die reine Wissensvermittlung hinausgehen. Sie helfen dir nicht nur dabei, deine

Fähigkeiten zu erweitern, sondern auch, deine persönliche Entwicklung voranzutreiben.

- **Perspektivwechsel:** Ein Mentor oder Coach kann dir helfen, Herausforderungen aus einer neuen Perspektive zu betrachten. Sie haben oft einen externen Blick auf deine Situation und können dir Lösungen oder Ansätze vorschlagen, die du selbst vielleicht nicht bedacht hast.
- **Erfahrungswissen:** Mentoren bringen Erfahrungen aus der Praxis mit, die dir helfen können, schneller zu lernen und Fehler zu vermeiden, die sie selbst schon gemacht haben. Coaches helfen dir, deine potenziellen Hindernisse zu überwinden und geben dir Werkzeuge an die Hand, um deine Ziele effektiv zu erreichen.
- **Vertrauen und Unterstützung:** Ein guter Mentor oder Coach ist nicht nur ein Berater, sondern auch ein Vertrauenspartner, der dich in schwierigen Zeiten unterstützt und ermutigt. Sie helfen dir, deine eigenen Stärken zu erkennen und Selbstvertrauen aufzubauen, insbesondere in unsicheren Momenten.
- **Netzwerk erweitern:** Mentoren und Coaches verfügen oft über ein umfangreiches Netzwerk, das dir helfen kann, Kontakte zu knüpfen und wertvolle Karrieremöglichkeiten zu finden.

Ich habe von meinem Coach nicht nur fachliche Unterstützung, sondern auch emotionale Stärke gewonnen, die mich durch herausfordernde Phasen getragen hat. Diese ganzheitliche Unterstützung hat mir geholfen, nicht nur beruflich, sondern auch persönlich zu wachsen.

3. Wie du selbst Mentor wirst, wenn du dein Ziel erreicht hast

Nachdem du deinen beruflichen Neuanfang gemeistert und dein Ziel erreicht hast, kannst auch du die Rolle des Mentors übernehmen und anderen auf ihrem Weg helfen. Mentorenschaft ist eine wertvolle Möglichkeit, deine Erfahrungen weiterzugeben, andere zu unterstützen und gleichzeitig dein eigenes Wissen zu vertiefen.

Die Rolle des Mentors zu übernehmen, bietet auch dir viele Vorteile:

- **Reflexion deiner eigenen Erfahrungen:** Wenn du jemanden mentorst, wirst du regelmäßig darüber nachdenken, was du gelernt hast, und es wird dir helfen, deine eigene Wachstumsreise besser zu verstehen.
- **Zufriedenheit und Weiterentwicklung:** Mentoring kann sehr erfüllend sein. Es gibt dir die Möglichkeit, anderen bei ihrer persönlichen und beruflichen Entwicklung zu helfen und deine Führungsfähigkeiten weiter auszubauen.
- **Netzwerk erweitern:** Indem du ein Mentor wirst, wirst du auch weiterhin in Kontakt mit anderen Branchenkollegen oder Interessierten bleiben und dein eigenes Netzwerk weiter ausbauen.

Ich habe mich für dieses Buch entschieden, um mein Wissen und meine Erfahrungen an dich weiterzugeben, damit du schon einen klaren Fahrplan an die Hand bekommst und mit dem richtigen Werkzeug direkt ins Tun kommen kannst. In gewisser Weise darfst du mich jetzt also auch als eine Art Mentor ansehen, der dich dabei unterstützt, deine Ziele zu erreichen und die nächsten Schritte in deinem beruflichen Weg mit einem fundierten Hintergrund zu gehen.

Fazit: Mentoring und Coaching als Schlüssel zum Erfolg

Mentoring und Coaching sind mächtige Werkzeuge, die dir nicht nur bei deinem beruflichen Neuanfang helfen, sondern auch eine langfristige Quelle des Wachstums und der Unterstützung darstellen. Sie bieten dir wertvolle Perspektiven, Erfahrungswissen und emotionale Unterstützung, die dir helfen können, deine Ziele schneller und effektiver zu erreichen.

Wenn du die Unterstützung eines Mentors oder Coaches in Anspruch nimmst, kannst du nicht nur professionell wachsen, sondern auch deine persönliche Entwicklung vorantreiben. Und wenn du dein Ziel erreicht hast, kannst auch du selbst als Mentor anderen helfen, ihren Weg zu finden.

Indem du dich von einem Mentor oder Coach begleiten lässt, baust du nicht nur deine beruflichen Fähigkeiten aus, sondern stärkst auch dein Selbstvertrauen und deine Resilienz. Nutze diese wertvollen Beziehungen, um deinen Neuanfang noch erfolgreicher zu gestalten.

Übung: Wer könnte dein Wegbegleiter sein?

Mentoren und Coaches können dir nicht nur Wissen vermitteln, sondern dir auch Halt und Orientierung geben. Diese Übung hilft dir, eine passende Person für deinen aktuellen Entwicklungsschritt zu identifizieren.

Zeitaufwand: 10 Minuten
Ziel: Du findest heraus, wer dich auf deinem Weg unterstützen könnte – und was du als Nächstes tun willst.

Deine Aufgabe:
Überlege und beantworte folgende Fragen:

In welchem Bereich wünsche ich mir aktuell Unterstützung?

_____

_____

Welche Person (aus meinem Umfeld oder meiner Branche) könnte mir mit ihrer Erfahrung oder Haltung weiterhelfen?

_____

_____

Notiere den Namen – oder einen ersten Suchweg (z. B. „auf LinkedIn suchen", „im VHS-Programm nachsehen") – und setze dir ein Datum, bis wann du Kontakt aufnehmen möchtest.

Motivierender Impuls:
Du musst den nächsten Schritt nicht allein gehen. Oft wartet die richtige Unterstützung schon – du musst nur den ersten Mut-Moment investieren.

Schlusswort:
Auf zu neuen Ufern –
Dein Neuanfang ist erst der Anfang

Herzlichen Glückwunsch, du hast es geschafft, dich auf den Weg zu einem neuen beruflichen Kapitel zu begeben! Dein Neuanfang ist nicht nur eine berufliche Veränderung, sondern auch eine Reise zu dir selbst. Du hast Mut bewiesen, deine Komfortzone zu verlassen, dich neuen Herausforderungen zu stellen und dich auf das Unbekannte einzulassen. Und dieser Weg ist erst der Anfang von noch vielen weiteren spannenden Etappen, die du mit Selbstvertrauen, Resilienz und klaren Zielen meistern wirst.

Der Prozess des beruflichen Neuanfangs ist nie linear. Es wird Höhen und Tiefen geben, Momente des Zweifels und Momente des Triumphs. Doch jedes Hindernis, das du überwindest, macht dich stärker und gibt dir eine neue Perspektive auf das Leben und deine Möglichkeiten. Du wirst feststellen, dass du nicht nur beruflich wächst, sondern auch persönlich.

Es gibt keine festen Regeln für den perfekten Neuanfang. Jeder Schritt, den du gehst, wird deine eigene Geschichte erzählen. Du wirst durch Mentoring und Coaching von erfahrenen Menschen lernen, aber du wirst auch lernen, wie wichtig es ist, auf deine eigene Intuition zu hören und zu erkennen, dass du alles in dir hast, was du brauchst, um auch mit 50+ noch erfolgreich zu sein. Deine Veränderung der Identität ist ein fortlaufender Prozess, der mit jedem Schritt weitergeht.

Der berufliche Neuanfang ist nicht nur eine neue Arbeit, es ist die Chance, deine eigene Berufung zu finden und in eine Richtung zu gehen, die dich erfüllt und dir Freude bringt. Du bist dabei, nicht nur eine Karriere zu starten, sondern auch ein Leben, das deinen Werten und Träumen entspricht.

Vergiss nie, dass du, wenn du deinen Weg mit einer klaren Vision und dem Glauben an dich selbst gehst, nicht nur die beruflichen Ziele erreichen wirst, sondern auch die persönlichen Erfüllungen, die mit diesen Zielen einhergehen. Du fängst jetzt nicht nur neu an, sondern du ermöglichst dir deine eigene Zukunft".

Ich hoffe, dass dieses Buch hilft dir dabei, Klarheit zu gewinnen, deinen Mut zu stärken und deine nächsten Schritte zu planen. Du bist auf dem richtigen Weg – und der Weg führt nur nach vorne.

Auf zu neuen Ufern, auf zu deinem Neuanfang!

Ich wünsche dir viel Erfolg bei deinem Neuanfang und hoffe, dass du die Erfüllung findest, nach der du suchst. Wenn du irgendwann das Gefühl hast, wieder Unterstützung zu brauchen oder neue Perspektiven einholen möchtest, erinnere dich daran, dass die Reise nie endet – und du immer die Fähigkeit hast, dich neu zu erfinden.

Herzlichst,
deine Martina

Quellen/Referenzen:

Hier findest du eine Übersicht relevanter Quellen, die fundierte Informationen und aktuelle Studien zum Thema „Beruflicher Neuanfang mit 50+" bieten. Diese Quellen liefern eine solide Basis für die Themenbereiche beruflicher Neuanfang, Selbstständigkeit und Quereinstieg im Alter von 50+. Sie eignen sich als wertvolles Referenzmaterial weiterführende Lektüre:

Studien & Fachartikel
1. **KfW Research – „Wunsch nach Selbstständigkeit verharrt auf niedrigem Niveau"**
   Diese Studie beleuchtet die Gründungsbereitschaft älterer Menschen, insbesondere im Alter von 50+, und zeigt, dass die Bereitschaft zur Selbstständigkeit in dieser Altersgruppe stabil auf niedrigem Niveau bleibt.
2. **Deutsche Unternehmerbörse – „Studie: Motivation zur Selbstständigkeit"**
   Die Studie untersucht die Beweggründe älterer Menschen für eine Existenzgründung und identifiziert Faktoren wie den Wunsch nach finanzieller Unabhängigkeit und die Möglichkeit, Erfahrung und Wissen weiterzugeben.
3. **Bertelsmann Stiftung – „Fast jeder zweite junge Mensch kann sich die Gründung eines Unternehmens vorstellen"**
   Obwohl sich diese Studie primär auf jüngere Menschen konzentriert, bietet sie wertvolle Einblicke in die Gründungsmotivation und kann im Vergleich zur Zielgruppe 50+ interessante Perspektiven liefern.

Fachartikel & Ratgeber

1. **Brigitte Academy – „Beruflicher Neuanfang mit 50: Es kommt vor allem auf Offenheit an"**
   Ein Interview mit Expertin Yani Neugebauer, die Menschen ab 50 beim beruflichen Neustart berät. Sie betont die Bedeutung von Offenheit und Flexibilität in der zweiten Lebenshälfte.

2. **Campus Naturalis – „Wie gelingt der berufliche Neuanfang mit 50?"**
   Dieser Artikel bietet praxisnahe Tipps für einen erfolgreichen Neuanfang, darunter Selbstreflexion, Weiterbildung und Netzwerkaufbau.

3. **Karrierebibel – „Jobwechsel mit 50: Tipps und gute Gründe"**
   Ein umfassender Ratgeber, der die Vorteile eines Jobwechsels mit 50 beleuchtet und Strategien für eine erfolgreiche Bewerbung und Integration in neue Arbeitsumfelder bietet.

Medienbeiträge

1. **ARD Mediathek – „Die Ratgeber: Neuanfang mit über 50: So gelingt der Quereinstieg"**
   Ein Video, das die Geschichte von Claudia erzählt, die mit Anfang 50 einen beruflichen Neuanfang wagte und erfolgreich umsetzte.

2. **SRF – „Neue Wege im Berufsleben: Das geht auch mit 50+"**
   Ein Radiobeitrag, der ermutigende Beispiele für berufliche Neuorientierungen im höheren Alter präsentiert.